肖能 著

『八王之乱』的历史教训

又见干戈暗洛阳

东方出版中心

绪言

"八王之乱"是发生于西晋时代的一次重大历史事件。

西晋王朝前后仅仅维持了五十一年。泰始元年（265），司马炎代魏称帝，是为晋武帝。太康元年（280），"王濬楼船下益州"，西晋一举灭吴，结束了三国鼎立的长达八十年的纷乱局面。

但好景不长，武帝死后爆发了"八王之乱"，同室操戈，祸起萧墙，王朝分崩离析，日薄西山；其间多个少数民族迅速崛起，轮番横扫中原，建立政权，晋室被迫南渡，从此开启了三百余年的南北对峙模式，直至隋文帝开皇九年（589）伐陈成功，中国才得以恢复统一。

自东汉以降迄于隋，这四百年的时间里，怎一个"乱"字了得。这个"乱"，不仅体现在民族层面、政治层面，也体现在思想文化层面。这是一个大冲突、大碰撞、大激荡、大交融、大起大落、大开大合的历史时期。其实这从另一个角度也说明了，整个中国是在变化了的历史条件下进行调试、重组和自我更新，以寻求适合于它的稳定的存在形态。

西晋本来站在这个转折的路口，有机会做出它的回应，当然它不可能先知先觉——清晰地认识并明智地解决缠绕王朝命运的难题，它甩不开它的时代局限性，所以最终被淹没在历史的激流中。

●一

导致西晋王朝速亡的关键因素，历来都认为，就是这个"八王之乱"。

所谓八王，分别指的是汝南王司马亮、楚王司马玮、赵王司马伦、齐王司马冏、长沙王司马乂、成都王司马颖、河间王司马颙和东海王司马越。这八个人，是司马氏宗室内部在武帝死后争夺最高权力的一连串自相残杀行动的主要参与者。唐人编撰《晋书》，重新梳理历史，探讨治乱兴衰，将这八人合为一传，所以史称"八王之乱"。

作为正史的《晋书》，具有塑造历史记忆和认知的功能；因此，史书通过对西晋乱亡的叙述，被认定负有责任的"八王"，也逐渐变成了一个政治符号，提醒后代注意宗室皇族、封建制对以皇权为核心的大一统政权潜在的威胁性。

但西晋王朝的崩溃，能简单归结到"八王之乱"么？

笼统地说，当然是的。如果没有司马氏内部这场大规模的残酷内讧，也不至于国将不国，不至于山河破碎到不可收拾的地步。所以说"八王之乱"导致了北方游牧部落大举南侵、中原沦陷以及晋室南渡，是自然而然的。

但如果仔细研究这场动乱，深入其具体进程之中，就会发现：在时间上前后相续的事件或许有相关性，却不一定就构成因果链。

一般认为"八王之乱"有两个阶段。第一个阶段是元康元年（291）三月到六月，惠帝皇后贾南风不满外戚杨骏专权，与楚王司马玮联手，发动政变夺权后，相继除掉楚王及汝南王，独揽朝政十年。第二个阶段是从元康九年（299）到光熙元年（306），由贾后与太子司马遹的矛盾逐渐演化出赵王司马伦的篡位及诸王的内战，并引入异族参战，加剧了局势的混乱程度。

重大的历史事件都是累积而变，非能遽然而成。"八王之乱"由相对和缓的态势逐渐失控而扩大化，必有支持其得以愈演愈烈的前提条件。否则，它所释放的动能、它的连带效应是不足的。也就是说，"八王之乱"之所以葬送了西晋王朝，是它一步步地利用了王朝的某些久已存在的结构性的缺陷、弊端。这些因素，作为加速危机的可能性一直潜伏着，一旦时机成熟，被触碰和点燃，便必然转化为现实的破坏性力量，从而引起全局性的大震荡。

譬如，由汉族中的世家大族所主导的西晋政权，把华夷之别作为处理民族关系的基本理念，对匈奴、鲜卑、羌、氐等游牧民族采取防范、限制的政策。这种政策必然让这些孔武有力、剽悍勇猛的游牧民族感到巨大的民族鸿沟，因而难免心怀不满。他们没有把自己视为西晋的同路人，而是在觊觎中待时而动。

这构成了王朝外部的不稳定因素。

东汉以来，士族的力量越来越大，他们利用文化、知识的优势进入仕途，和政治权力紧密结合，并把所拥有的文化和权位在代际间传递，成为无其名而有其实的贵族。士族的崛起和壮大，一方面有了相对于皇权的独立性，另一方面垄断了优质而丰厚的各种资源，阻拦了社会阶层的合理流通，以至于出现高门和寒门的对立格局。这既使皇权深受威胁，又令寒门倍觉不公。

皇权于是动了猜忌的心思，有了裁抑的必要。难以出头的寒门如果不甘心被边缘化，则尽可能地寻求改变命运的契机。而有胆有力的狡黠之徒，往往不惧行险侥幸，甚至贪乱望变。

这构成了王朝内部的不稳定因素。

民族间的不平等和社会所造就的不公平，犹如两大病灶，如果不妥善处理，将可能内外夹攻，侵蚀王朝的肌体，动摇乃至摧毁王朝的统治基础。

司马氏依靠士族高门的支持，夺取曹魏政权，成功建立新朝。武帝司马炎并非泛泛之辈，鉴于曹氏失政的教训，他采取了多种有力的举措，谋求振兴，加强皇权。其中一个影响重大的动作，就是大力培植宗室的力量；除了给予王位、授予兵权，更是把宗室遍布于中央及地方之要津，望其能拱卫王室。

而被刻意扶植起来的司马氏的王公们，一旦做大做强，没有谁会令自己受困于武帝的初衷、行走在武帝所设计和寄望的轨道上，没有谁不垂涎、不想去攫取那本来就属于他们司马氏的最高权力。鼎之轻重，凡姓司马的，都有份来问一问。这就遇到了传统家天下制的绕不过去的弊端所在——当天下在观念和制度上被视为一姓之家产，此家的子弟当然觉得他们有资格来争，而不认为是非分之想。

明朝灭亡后，大儒黄宗羲对传统的家天下制度进行了深刻的反思。

他说：

> 既以产业视之，人之欲得产业，谁不如我？摄缄滕，固扃鐍，一人之智力不能胜天下欲得之者之众，远者数世，近者及身，其血肉之崩溃在其子孙矣。

既然把天下看成帝王家的私产，无形中把"己"与"人"对立起来，怕外人动歪心思来抢，就会想方设法，严防死守。但个人的"智"与"力"终究有限，而人的心思怎么也防不了。这庞大而诱人的财产，其实是烫手的山芋。

武帝司马炎寿终正寝，他生前坚持要把这个山芋留给其子，也就是惠帝司马衷，这也令司马衷此后遭遇了无穷的屈辱和劫难。诚然，司马衷是史上少有的弱智皇帝，无力操持父亲留给他的遗产，只得任人抢夺；司马衷以及西晋王朝的悲惨命运，好像系于司马衷智力低下这个令人惊讶的因素，但又似乎可以归因为武帝传位决策的一念之差。

其实，正是这种概率极小的弱智皇帝站在政治舞台中心的情况，才尖锐地反映并充分暴露出这种政治模式本质上所潜藏的全部荒谬性。国家应有的开放性和公共性，与权力的封闭性和专断性之间的矛盾，推动着悲剧的形成。

所以，这个社会还要踽踽独行，经历无尽的曲折，才能够最终消退自己身上的这种荒谬性而获得蜕变，历史有的是时间和耐心来静候它的新生。

三

正如李泽厚在《中国近代思想史论》一书后记中所说："偶然与必然是需要深入研究的历史哲学的最高范畴。"探寻历史的演变过程，不能回避偶然性。

唐人杜牧有诗："东风不与周郎便，铜雀春深锁二乔。"这是说，没有东风这个非人所能自如操控的便利条件，赤壁之战鹿死谁手，还说不定。明末清初大儒王夫之在《读通鉴论》中评西晋史事："西晋之亡，亡于齐王攸之见疑而废以死也。攸而存，杨氏不得以擅国，贾氏不得以逞奸，八王不得以生乱。"这一观点，未免太强调了齐王司马攸对于西晋盛衰存亡的重要性，好像整个西晋的安危系于他一身。但王夫之论史，注意到了司马攸的早逝（死时才三十六岁，且是面临猜疑和攻击，压力过大，呕血而死）这个偶然因素与其后局势的恶性变化存在着关联。化用杜牧的成句，依照王夫之的意思，亦可以说是："齐王不与杨贾便，铜驼未必在荆棘。"王氏看到了西晋乱亡进程中虽细微却影响长远的因素，其实是很可贵的。

"八王之乱"之所以愈演愈烈，其中偶然性这个因素不容忽视。偶然性，含义很复杂，其中一个方面，可以说是指事发突然，在事件的主导者意料之外。

过去考察历史，往往把焦点放在帝王将相之类的大人物身上，认为是大人物们的意志和行动强力主导了历史进程。这固然大抵没错，但大人物们并非凭空而为，他们必须有所凭借。许多小人物就是他们的凭借。从表面上看，似乎小人物受大人物驱使，其实，小人物也可以驱动大人物，从而创造了大历史❶。

"八王之乱"的第一阶段，贾南风借助楚王司马玮除掉了执政的汝南王司马亮及太保卫瓘。楚王之所以铤而走险，就有他的寒门出身的僚属公孙宏、岐盛积极鼓动这一关键因素。而岐盛是因为曾经得罪过卫瓘，害怕受到位高权重的卫瓘的收拾而怂恿楚王先下手为强，借机自保，同时也存有侥幸之心，希望事成之后攫取更大的权力。汝南王、卫瓘这些巍然庞大的重臣，都不可能料想到，他们的命运居然被这么两个微不足道的小人物公孙宏、岐盛所算计和决定。

"八王之乱"走向扩大化的境地，与赵王司马伦大有关

---

❶ 参见刘驰："八王之乱中的寒门人士"，载于《魏晋南北朝社会与经济探究》，社会科学文献出版社 2021 年。

系。而司马伦的谋主又是一个小人物孙秀。这个孙秀，出身卑微，被乡里所摒弃，为郡吏时又被名士潘岳无礼对待；但他运气好，获取了不学无术的司马伦的信任。孙秀借助司马伦的特殊身份和地位，利用贾南风和愍怀太子之间的矛盾，两头点火，最后渔翁得利，掌握了洛阳政权，并直接促成了全面内战的爆发，动摇了西晋的国本。

司马伦覆灭后，齐王司马冏执政。激化河间王和齐王之间矛盾的，是河间王所信任的李含，李含也出身贫寒，受过豪族的歧视和打压。李含仇敌甚多，为了自保，成功游说野心勃勃的河间王挑起事端，导致齐王被长沙王杀害，随后开启了诸王的混战模式，洛阳从此饱经战火。

公孙宏、孙秀和李含，皆是寒士，尽管有才，但上升通道狭窄。特殊的时代条件限制了他们的发展。他们没有得到应有的尊重，他们皆有不平之气。在环环相扣的情境、形势下，他们图谋改变，像根杠杆，以他们各自服务的对象为支点，居然撬动了整个局势的演变。

偶然性的另一种表现，是指小概率因素可以影响大局。

赵王司马伦废黜贾后掌握大权后，不服气的淮南王司马允首先发难。司马允骁勇善战，手下还有一帮愿为他效死力的士兵。他率众围攻赵王，双方打得难分难解。中书令陈准要帮助司马允，奏请惠帝解兵。不凑巧的是，赵王之子司马虔正好在中书省，及时掌握了事情动态，成功游说受命准备前往战场的司马督护伏胤。伏胤进入司马允军阵，杀了完全没有防备的司马允，导致司马伦意外获胜，从此失去制约，更无忌惮。这就有了随后的废帝自立，而反对司马伦的诸王联军进攻洛阳。内战爆发。

长沙王控制洛阳城，遭到河间王大将张方的围攻，就派左将军皇甫商联合其兄皇甫重，拟从秦州攻打长安，以迫使张方回撤救援长安。这条围魏救赵之计想象很美好，谁知担当重任的皇甫商去秦州途中，恰遇仇人；被告发后，河间王把皇甫商杀掉。长沙王失去外援，城中禁军厌恶了无休止的战争，见无转机，发动兵变，迎张方入城，长沙王于是身败。

盘踞幽州的王浚，坐观诸王的争斗。成都王对他不满，派亲信和演任幽州刺史，企图相机除掉王浚。和演与乌桓审登单于定好计划，准备趁着约王浚到蓟州城外游玩的机会，发兵解决王浚。谁知当天突降大雨，计划被打乱。迷信的审登单于，以为天佑王浚，不敢违逆天意，遂向王浚抖出事情。王浚反过来与审登单于联手杀了和演。自此王浚完全控制幽州，并动用鲜卑、乌桓的力量，参与内战。成都王为抵消王浚鲜卑铁骑的军事压力，只好启用刘渊的匈奴五部。鲜卑和匈奴，遂被引入中原内战，也得到了趁乱崛起的契机。一场计划外的暴雨，改变了王浚的命运，相应地改变了鲜卑、匈奴的命运，进而改变了西晋王朝的命运。

小人物、小概率因素等推动、改变历史的进程，不是说历史就是受偶然性所左右，不可逆料，而是深刻地说明了历史事件的复杂性。尤其是在形势危急的时候，往往一个不甚起眼的、卑微琐细的、平平无奇的人物或者偶发的因素，便能起到在事后看来令人惊心、侧目的重大作用。

三

大风暴一经酝酿而成，被卷进去的人，就势难脱身。时代的悲剧，是通过一个个具体的人的悲剧体现出来的。

第二代齐王司马冏执政后，受河间王的紧逼。大臣王戎劝齐王交权让位，以保平安。齐王有点动心，他的长史葛旟在朝堂之上怒斥：自汉魏以来，王侯逊位，有能保护自家性命的么！争夺和巩固权力，不仅仅是满足个人的野心，还希望免除恐惧，获得安全。

曹操当年曾经直言不讳地捅破了这一点，建安十五年（210），曹操发表公开讲话，坚决抵制社会上让他交权回封国的声音，坦然地说，兵权是绝不放手的，原因很简单，"诚恐己离兵为人所祸也"，所以不做"慕虚名而处实祸"的事。这是由血与火所造就的历史规律。

这就造成"八王之乱"中的另一种怪相，就是掌权者对政治名器 ❶ 的滥用。司马光《资治通鉴》开篇，就周威烈王

---

❶ 名号与车服仪制。奴隶社会与封建社会用以分别尊卑贵贱的等级。《左传·成公二年》："唯器与名，不可以假人，君之所司也。" 杜预注："器，车服；名，爵号。"

二十三年（前403）天子承认三家分晋之事，大讲名器之重要。这个观点并不玄奥难解，但西晋执政的王公大臣们却一个个背其道而行之。

从太傅杨骏开始，到汝南王司马亮，再到闹出"狗尾续貂"笑话的赵王司马伦，以及齐王司马冏，成都王司马颖，没有一个不是大肆封赏，把朝廷弄得乌烟瘴气、不成体统的。他们出此下策，已不仅仅是用来酬庸亲信私人，更重要的，是他们安全感不足，感到难以驾驭局势，害怕被取代。权力既舍不得放弃，又不敢放弃，那就只能大肆派送国家名器，以收买人心。

名器恶性膨胀的结果，是名器的急遽贬值；贬值的名器，也就失去了稳定政治秩序的功能，从而造成更严重的失序。这又使掌权者失去更大范围的支持基础，而渴求真正秩序的人们把希望转寄于下一位新掌权者身上。正是因为这个缘故，非正常的权力更迭屡屡上演，且愈演愈烈。

权力蛊惑对它着迷的人，又令成功夺取它的人们在志得意满的同时，产生深深的不安感和恐惧感。不安和恐惧，使人越发不敢放弃权力，而尽全力抓得更紧。就像落水遇险的人，在恐慌中，会下意识地把上手的东西牢牢握住。

正因为他们抓得紧，所以他们被抛弃得更快。这正是权力的吊诡之处：通过掌权者对它的紧握不放而把人轻易地抛弃。始于杨骏、终于东海王司马越，延续二十年的王朝统治者内部的权力争夺战，一直没有脱离这个逻辑。所以造就了杨骏、司马亮、司马玮、贾南风、司马伦、司马允、司马冏、司马乂、司马颖、司马颙和司马越的悲剧性结局。

悲剧的另一种呈现形式，是名臣张华的遭遇。

张华因缘际会，在曹魏末期进入了司马氏的圈子，同时因本人的才华、品行及建立的功勋，在晋武帝时逐渐成长为颇具威望的新朝重臣。贾南风当权后，张华以相对寒微的出身及耀眼的资历还有厚重的声望，获取贾氏的信任而参与辅政。张华以为，只要他抱着中立的立场，秉持所谓公心，依照公认的准则行事，不参与任何一方的角斗，且个人德行无亏，便能自保无虞。

但是张华错了。权力斗争不讲是非，只讲输赢。况且，他也不是没有私心，他对权位，就算不是热衷，至少也是不舍。当局势发展到不站队就是反对的地步时，他作为局中人，业已经过了几轮叫牌，最后不能选择"不跟"。所以张华也被杀了。

还有吴人陆机，他的经历则印证了另一种形式的悲剧。

陆机在孙吴亡国后，作为江东地区的大族代表人物，入洛为官。在胜利者眼中，他的高贵出身和绝顶文才，使战利品的成色更足、更厚。如果陆机安于点缀圣朝升平的角色，他将获得足够的礼遇。无论是谁掌权，都需要安分、识趣的人来点缀。

但陆机心有不甘，欲有所作为，想在大一统政权中获得实质性的一席之地，为的是恢复他们江东陆氏的荣耀，为的是给广大南士在以北人为主导的政权里开辟上升的通道。基于此，他的努力有多大，所遭遇的各种无形有形的阻力就有多大。

北人对南人的地域歧视，征服者对被征服者的政治歧视，如日中天的名门望族对已衰颓下坠者的门户歧视，都聚拢在陆机身上。陆机在洛阳权贵圈内寻求可靠的依附对象，从杨骏、司马晏、贾谧到司马伦、司马颖，不停地改换门庭。陆机的反复，正说明了他的无奈和悲辛。

期待越高，门庭改换越多，意味着他在洛阳权贵们的权力斗争中陷得越深。走多了夜路，总会遇到鬼。他因同司马伦的暧昧关系遭到新起的胜利者齐王司马冏的追责，差点被杀；好不容易脱难，又燃起天真的希望，主动跳上了成都王司马颖这艘看似安稳舒适、实则晃荡不堪的船——终于在这船上，被各路冤家合起来踢下水。陆机的进取，最终造成了他的身亡，想归隐家山而不可得。

从这些身份各异者的悲剧来看，在肆虐的风暴中，放弃是不行的，中立也是不行的，进取更不行。所以，"八王之乱"带来的，是令所有被卷入者都败亡、怎么做都不对的一场悲剧。

既然席卷整个王朝的风暴使身系于其中的人无论怎么做都会产生悲剧性的结果，那么，这也就意味着原有的社会运作模式，或许已经无法继续维持下去了，而真正的转机须在另外的地方开启。

所以我们看到了，异族进入华夏，在主动汉化的同时，反过来为华夏注入了新的血液，增强了华夏的生命活力。一个充满着蓬勃朝气的文明，经过数百年的淬炼，终于在隋唐时期大放异彩、光焰照人。

　　如果把中国比喻为一艘船，它从秦汉驶来，要在重岩叠嶂和波迅涛急中穿越历史的峡谷。到西晋这一段，起初江面开阔、风正潮平，本以为能够行驶平稳，谁知道其下都是险滩暗礁、急湍猛浪，以致跌跌撞撞，一路险情不断。

　　之所以如此，说起来也是缘于西晋这段驾船掌舵的武帝司马炎，自我感觉良好，觉得已经汲取了前面翻船的教训，规避了已知的风险，布置了周全、妥当的措施。但历史似乎向费尽心思、算尽机关的驾船者开起了玩笑：欲求其安，反受其灾；欲求其存，反致速亡。所有强化安全的手段，反过来会为更大的混乱提供前提，准备条件。老子说，反者道之动。庄子说，把箱子锁得严严实实，自以为可以防盗，殊不知，此举更便利于偷盗，大盗们还嫌弃箱子锁得不够严实呢。

　　王朝的溃乱其实就始于晋武帝，就埋伏在他的心事中。

目录

一 武帝的心事

咸宁二年（276），四十岁的晋武帝司马炎染病卧床 ❶。

　　上年年底，突发瘟疫，洛阳城中死了一大半的人。武帝不幸染疾，病情严重，大臣贾充、荀勖还有亲弟弟齐王司马攸等鞍前马后地侍药。齐王脸上总是一副忧戚的神情，他把武帝的安危时刻放在心上，既有手足之情，又见大臣之分。时人看在眼里，再次对齐王的为人称赞不已。

　　新朝建立不过十二年。盘踞江东已历数代的孙吴政权始终是个心腹大患；边疆地区的诸游牧民族蠢蠢欲动。尤其是秦州的鲜卑秃发部首领树机能，骁勇善战，富于谋略，时叛时服；还联合氐、羌等族，自泰始六年（270）举兵以来，屡克名将，威震西北。朝廷一时间也似乎没有太好的方法来彻底解决。

　　武帝甚至一度考虑委派重臣贾充坐镇关中，只因贾充的出朝牵动的因素太多，武帝方才作罢。还有人建议"以胡制

---

❶ 参看仇鹿鸣著：《魏晋之际的政治权力与家族网络》第四章第一节"咸宁二年：不起眼的转折之年"，上海古籍出版社 2012 年版。

胡"，动用匈奴人刘渊的力量前去平叛。但结果极有可能是，荡平了树机能，却坐大了刘渊。树机能不过藓芥之疾，而刘渊终将成为滔天之祸。武帝不想冒这个险，也没有采纳。

总之，九州还未一统，四夷还未宾服，王朝的根基并不牢固。眼见皇帝境况不佳，朝廷上下人心浮动，不管是忠心谋国的，还是想夤缘取利的，都在考虑后事。太子司马衷不慧，尽人皆知，如果武帝不起，他能挑起这副重担吗？他能应付朝廷内外这么多棘手的问题吗？甚至他能坐稳皇帝的位置吗？许多人不敢乐观。大家都不约而同地把目光投向了声望颇佳、年富力强的齐王司马攸。

其实，不但群臣关切，卧病在床的武帝也在留心着司马攸。这个弟弟，多少年来，一直都是他的心病。

兄 弟 参 商

齐王司马攸是武帝的同母弟，小武帝十岁。他从小聪颖不凡，长大后，为人清和，处事公允，亲近贤能，慷慨好施，好读经典，文才出众，善为尺牍。无论从哪个方面来讲，司马攸都是贵族子弟中的佼佼者；其才能和名望，还要在兄长之上，连司马懿都无比器重这个孙子。

由于司马师无子，司马攸过继为嗣。司马师死时，司马攸年仅十岁，但居丧时表现出来的悲恸之情，感动了左右，赢得了他们所属阶层的交口称誉。他侍奉嗣母、司马师的夫人有道，孝顺的声名进一步建立起来。十年后，他为生父司马昭守丧，哀毁的程度远远超过了礼法的要求，必须扶杖才能支撑起羸弱的身体。左右进上干米饭团，他内心悲痛，只是哭泣，不肯吃下；生母王元姬亲自前往做思想工作，司马稽喜（嵇康的兄长）反复规劝并亲自奉上，才不得已勉强吃点。

从东汉末以来，纲纪慢慢失去了权威，原本森严的礼教日渐松弛。社会上口吐狂言、放肆无礼的人多极了，有名的如阮籍、王戎、阮咸之流，以方外人自命，居丧不守礼，照样喝酒吃肉，率性而为，想怎样就怎样，从不顾忌世俗的是非毁誉。他们以与主流相悖的"越轨者"的形象出现，他们的言行有强大的示范效应，引起了后生们的追随。大家纷纷把这种存在方式看成是超越世俗的洒脱、旷达，一时蔚为风尚。不过，正统人士对这种行径极看不过眼，认为这不仅是浮华和轻佻，更大的危害是败坏了世道人心。

司马氏是儒学世家，推崇礼教，主政的思路也是以孝治天下；作为这个家族里注定要肩负重任的核心人物，司马攸不能不在守礼上为世人做出该有的表率。他很小就明白这一点，并身体力行之。他总是把自己放在主流定制的套装中，不辞做一个套中人。他以礼自拘，极少做错过什么事、说错过什么话；就是找人借书，也要在勘正其中的谬误后，才还回去。如果以为他是个冷漠的人，那就错了。他至情至性，若有人触犯他的忌讳，辄泫然流泪。即使兄长司马炎，对他也很敬惮；碰到两人同处，一定是想妥当后再说话。

还有一个原因也促成他如此精心建构和维护他在舆论中的道德形象，就是与兄长司马炎为争夺储位而暗中较劲。

司马昭生前一直有传位于司马攸的打算。因为司马师为司马氏夺取政权发挥了举足轻重的作用，司马昭觉得，政权应由司马师一脉继承，而把自己看成是暂摄权位，百年之后，大业应当归属司马攸。司马昭常说："这是景王（司马师）的天下。"每每见到司马攸，司马昭就抚坐床而称呼他的小字："这是桃符的位子。"

对此司马攸岂能无动于衷？司马昭尚在考虑接班人选，在他和司马炎两人中反复掂量，而他所能做的，就是打起精神，谨言慎行，不能令身上有丝毫可以被指责的瑕疵，必须以完美的形象出现在世人面前。

司马昭一再公开属意司马攸的亲昵举动，意味着司马炎并非天然的世子，尽管其概率最大。一心谋求大位的司马炎不会感受不到司马攸的压力。司马炎既然声望、风采均不及司马攸，就只得另辟蹊径，来突出他的竞争优势。

发小羊琇是他的智囊，为他画策，平时注意匡救司马炎的过失。这个角色，犹如当年为曹丕设谋以与曹植争位的吴质。羊琇用心观察司马昭执政的思路举措，估量可能会被问到的问题，平日都令司马炎做足功课，准备周全的答案，牢记在心。其后，司马昭每每与司马炎谈起政事，司马炎的回答果然无不中意。司马炎在应对时表现出来的政治能力，给他自己加了不少分。

当然，最终促使司马昭决心立司马炎的，还是司马昭身边的心腹亲信们发挥的作用。如何曾、裴秀还有山涛等，在立储的问题中，对司马炎有旗帜鲜明、毫不含糊的支持。特别是贾充，盛赞司马炎宽仁，且又居长，有人君的德行，应奉社稷。贾充所列举的种种理由固然要紧，但更重要的，其实是他们这帮心腹亲信所展示的坚定态度、立场。所以，司马昭在临终前，对司马炎交代："了解你的，是贾充。"

司马炎称帝后，司马攸受封为齐王，并在一段时间内分管军政。竞争大位的努力，随着君臣名分已定，算是落空，不过司马攸没有怏怏不得志的样子，其表现一如其旧，无可挑剔。

对于军务，司马攸处置得宜，行阵和睦，没有不顺服的。他任骠骑将军，当时按规定应该罢免将军的营兵，但数千名士兵留恋司马攸的恩德，不肯离开，拦住京师地区的行政长官强烈表达他们的诉求。武帝听说这个情况后，把营兵还给司马攸，平息了事态。早在司马昭执政的时代，时年十八的司马攸便出任过步兵校尉，抚绥军队各营部，有德惠，有威望。他在军队中有持久的影响力。

虽是皇帝的弟弟、掌握军权的宗王，司马攸却注意恪守大臣的职分。武帝赋予宗王特权，可以自行选用各自封国内的长吏，司马攸却三次上书，提议此事应当缓行，司马炎不允。恰好司马攸的齐国内长吏缺人，司马攸拒绝其国相用人的请求，明确表示人事权力乃朝廷所有，要国相向朝廷申请。至于齐王家人的开销本归朝廷财政支出，司马攸前后有十多次上表请求自行承担。司马攸虽未归封国，但其国内的文武官吏、下至士兵，他都分出他的租赋来供给救助，遇到疾病死丧，另有慰问。如有水旱灾害，司马攸则及时赈济、借贷，特许借贷的百姓到丰年时偿还，且只须八成。所以齐国上上下下都仰赖司马攸。

对于朝廷政务，司马攸也积极建言，其宗旨不外乎立于正道。总之，司马攸立身正派，处事公允，老成持重，谦退恬淡；无论是在自己的封国、在军队，还是在朝廷内，他的口碑都相当好，与方方面面的关系维护得不错。

晋朝新建后，他的表现似乎要比当年与司马炎争储的时候更加完美了。他的确是在竞争中落败了；不过，作为一个成熟的政治人物，他是在耐心地等待下一次可能的机会么？

这倒不一定。

泰始四年（268），他们兄弟的母亲、文明皇后王元姬临死前，流泪对武帝说："桃符性急，而你身为兄长不慈，我如果不起，恐怕必不能相容。"

王元姬是大儒王肃之女，本人很有识见，也很有主见，她对人心似乎有一种敏锐的洞察力；未出阁时，就已主持王氏的家务，往往不待长辈们开口便能顺承心意而动，所作所为没有不妥善、合理的。嫁给司马昭后，她对钟会有过近距离的观察和认识，多次告诫司马昭应对钟会保持警惕。对自己的亲生儿子，她没有理由不了解深刻。她说司马攸性急，应该是切中肯綮。王元姬心里清楚：司马炎自从做了皇帝，司马攸的处境便很尴尬了，不容易自安，只得以更加雍容的气度、审慎的作风来掩盖内心的不安、急切。

司马攸的自我塑造是为了摆脱尴尬的处境，而这为他赢得了更高、更多的声望。吊诡的是，同时也把他推到了与司马炎的太子司马衷竞争的态势中。因为，随着年岁的增长，司马衷之不堪重任，已成为彰明显著的事实。舆论呼声很高的司马攸，隐然是朝野上下的希望之所在。

武帝曾经生病，司马攸和太子一道入宫问安，朝士们均瞩目于司马攸，而不在太子身上。这个细节，被旁观者捕捉到而且记录下来，可见司马攸所拥有的深厚的社会心理基础。从前，他与司马炎争；现在，时势又造就出他与司马衷争的局面。这样看来，他与司马衷的若明若暗的竞争，其实是与司马炎之争的延续。从前，是上半场；现在，则进入了下半场。

卧病的武帝内心是清楚的，也很留意身边群臣的动态。病愈后，他听说了河南尹夏侯和，趁着他卧病的时候，怂恿、鼓动权臣贾充在太子和司马攸中选边站，支持司马攸，而贾充没有表态。

司马攸素来厌恶中书监荀勖、左卫将军冯𬘡两人谄媚，这两人也担心司马攸如果继位，将对他们大为不利，于是抓住武帝大病、心事重重的契机进言："陛下前些时疾病好像有不愈的样子，公卿百姓心都向着齐王，太子即使想高姿态让位，哪能得免！应该遣齐王归藩，以此安定社稷。"武帝听进去了。

对司马攸，暂未立即出手，因为这需要时间来进行系统的布置；但对夏侯和及贾充的勾连，就须果断出手来拆除了。

武帝立即罢免了夏侯和的河南尹的职务，徙为光禄勋，并剥夺了贾充的兵权。这首先是解除近在眉睫的潜在威胁；其次是对朝野的汹汹舆论的严正回应，并乘机敲打一下贾充，提醒他摆正位置，站稳立场，不要想入非非；最后，也是对司马攸的一次无声的警告。

但关于储位的风波不会就此平息，因为太子司马衷的智商确实堪忧。

不慧的太子司马衷

　　司马懿及司马师、司马昭父子三人皆是智略超群的人。武帝是开国君主，尽管他身上留着世家子弟常有的纨绔习气，但他的才能其实也并不赖。司马氏到第四代，却碰到了一个颇为讽刺的局面：太子司马衷不慧。

　　司马衷是武帝第二子，武帝的长子司马轨在两岁时夭折。泰始三年（267），司马衷被立为皇太子，时年九岁。

　　自立为太子，司马衷的命运就此改变，雄才大略的人都难以驾驭命运，何况是智商不高的司马衷？如果是四海无事的承平时代，还可以无惊无险地平稳走下去，不幸的是，又偏偏身逢阴云密布的多事之秋。如果早早失去太子位、失去皇位，对他而言，可能未尝不是个解脱；谁知造化弄人，他的地位摇晃而始终不倒，一直不间断地被老婆、兄弟、亲戚等各路野心家操控、摆布。时而被废黜，时而被复立……如此循环，直到四十八岁那年，才带着一生的屈辱被毒死。更有可能，他对于屈辱也是无感的。

　　司马衷的悲剧，从自身来说，很大程度上与他欠发达的智力有关。

　　在关于司马衷的故事中，最有名的，一个是他游华林园，听到蛤蟆叫，问左右这叫声究竟是为公还是为私。另一个，则是得知百姓因饥荒饿死，发出"何不食肉糜"的疑问。这两件事，均发生于他当皇帝之后，但类似的事情，肯定在他被立为太子后就有不少，而不是当了皇帝智力就退化了。

司马衷即使不是弱智，相比于正常人，也是比较迟钝的；再加上生于深宫，长于妇人之手，缺乏必要的历练，智力得不到培养和发育，作为王朝的继承人，当然是不合格的。

但他是居长的嫡子，按照继承原则，在武帝之后做皇帝名正言顺。尊崇名教的武帝，也不愿轻易废黜司马衷的太子之位。武帝也曾经认为皇太子不堪其任，私下告诉了杨皇后。皇后说："立嫡以长不以贤，哪能改动。"而且，他本人当初在与司马攸争位时，这点也是他得以胜出的因素之一，如今轮到他来决定继承人，总不好自我否定吧；何况武帝的心事是，让帝位在他自己的血脉中传继。所以他并不打算更换继承人。

与武帝相反，出于对朝廷长远利益的考虑，许多秉承公心的大臣都不希望看到司马衷为太子。

侍中和峤屡屡向武帝进言："末世多伪诈，而皇太子为人容易轻信，恐怕不是四海之主。担忧太子处理不好陛下的家事，愿陛下考虑国运。"

武帝则说："皇太子最近好像更加成熟了，长进不少，你试着去看一看吧。"考察回来后，方正的和峤不愿为武帝背书，老实回答："太子的资质与当初一样。"

元老重臣卫瓘，曾经借着酒醉，欲言又止，最后抚着武帝的御床，叹息道："此座真是可惜了。"更换太子，乃动摇国本的大事，稍有不慎，可能就把火烧向自己，但作为公忠体国的大臣，卫瓘有必要、有责任发表自己的意见。而他又是宦海沉浮已久、亲历过不少大风大浪的人，了解该问题的风险性。所以，折中之计是利用醉酒的契机说出心里话，反正——"君当恕醉人"。武帝当然明白卫瓘的心思，他也装起了马虎，以"卫公真的喝醉了"为借口，先把这事暂时对付了过去。

　　但武帝知道，和峤、卫瓘代表着一大批朝臣的观点，必须慎重对待。为了杜绝非议，以免人心有异、人言啧啧，他亲自导演了一出大戏。

　　武帝把东宫官属召集起来，令人把尚书省有待处理的政事交给太子，要太子批示、裁决。太子自然不知该如何处理，也自然有人在旁出主意，安排代笔。代笔很出色，洋洋洒洒，指陈方略，还援引了经典中的典雅、堂皇的义理。一个叫张弘的太子幕僚政治水平不低，当即发出警告："太子书读得不好，陛下早就知道。应该就事来论断，不应该引用经典。"于是张弘动笔改好批示，由司马衷书写呈上，武帝看后，果然非常满意。

　　很明显，这是一场由武帝导演且主演、由太子属下不必暗示便能心领神会的戏剧。武帝岂不知他这个儿子在治国理政上的真实能力！只是为了堵住朝野悠悠之口，他必须做场戏来给大家看——他要在众目睽睽之下，举办一次针对司马衷治国理政能力的公开测试，以司马衷的无可辩驳的答卷，告诉大臣们，在这个问题上都多虑了。

武帝这么做，难道就不怕司马衷搞砸了么？

不会的。其实这种事并没有多少风险性，戏是不会演砸的，甚至也用不着事先透风，因为他知道太子东宫中必定有人会读懂并实现他的意图，这是心照不宣的事，会玩政治游戏的人不可能看不清这个形势。

当初羊琇不也是为他准备好了稳妥的答案，来应对父亲司马昭半真半假的测试么！再说得稍微远点，从前杨修在曹植身边，不也是悉心揣度、琢磨曹操的意图而准备好了应对曹操考察的"正确"的答案么！

所以，武帝如愿拿到了他想要的东西，并很得意地出示给卫瓘。言外之意，卫瓘是杞人忧天，从此可以安心，不用再去纠结太子的能力了。

在这种情况下，卫瓘还能说什么呢！只好闭嘴了。武帝的这个轻率的举动，为卫瓘日后埋下了杀身之祸。太子派的人都明白了，原来卫瓘是不赞成司马衷当太子的。果然，贾充派人带话给太子妃："卫瓘老奴，几乎毁坏了你家。"

不过，质疑太子的声音不会因为武帝导演的这么一出自欺欺人的戏就自发消失，它会在新的条件下再次出现。

咸宁四年（278）后，武帝把中心任务放到了伐吴上。在张华、杜预等大臣的支持、配合下，着手进行战略部署。战事进行得很顺畅，太康元年（280），便把孙吴给拿下来了。自汉献帝初平元年（190）董卓之乱以来，扰攘了近一百年的中国，再次获得统一，安定下来，武帝终于建立起了超迈父祖的功绩，也拥有了平息继承人纷争的权威。

伐吴之役，尚书张华给予武帝宝贵的支持，是告捷的关键人物之一。张华以文学才识，名重当时，再加上有平吴的大功，舆论都以为张华应居台辅高位。

武帝曾问张华："谁可以托付后事？"

张华很坚定地回答："论光明的德性，论至亲的关系，没有比得上齐王的。"

其实，武帝这话并非询问，而是要张华表态。因为太子是司马衷，理所当然就该太子继承大统。武帝的询问，不是对太子失去了信心而要考虑另外的人选，希望张华提供意见，而是要张华坚定支持他维护太子地位的决心。

可是这次，张华没有站在武帝一边。武帝失望了，而张华的政敌荀勖、冯𬇹，瞅准张华已然失去了君心，乘隙进言，一举把张华排挤出朝。尽管张华后来重新回朝，但已远离了核心权力圈，与武帝的君臣关系再也没有恢复当初的相得程度。

从张华的遭遇可见武帝的态度：无论是谁，无论立有多大的功勋，如果在太子的问题上和他不是同一条心，他会毫不犹豫地抛弃。

太康三年（282），六十六岁的贾充病逝。此时司马攸的声望还在上升，荀勖、冯纨、杨珧等人的活动也愈发频繁。司马攸素来反感荀、冯两人靠谄媚来获取武帝的宠信，这两人也清楚齐王的态度，见朝廷内外都归向齐王，担心一旦齐王真的登上大位，他们就危险了，所以逮着机会就在武帝面前煽风点火，这足以加重武帝的心病。

冯纨向武帝建议，要齐王为宗室诸王做出表率，离开京师，回他的齐国封地。荀勖附和："朝廷百官都归心于齐王，恐怕陛下万岁后，太子不得继位了。不如试着下诏，令齐王归藩，满朝必以为不可，那么就验证了臣的话。"

武帝深以为然，于该年年底下诏，令齐王出朝回齐国。

齐王归藩

武帝执意令齐王归藩，果然引发了一场轩然大波，朝臣反应强烈。为司马攸说话、要求武帝收回成命的声音很多，而且出面发话的人的分量都不轻。

平吴功臣、尚书左仆射王浑上书，希望司马攸留京，同太傅、淮南王司马亮及卫将军杨珧共为保傅，辅佐朝政。武帝没有采纳。

坐镇关中的扶风王司马骏，以及光禄大夫李憙，也上书劝谏，武帝不听。司马骏是司马懿之子，乃宗室中最有美誉的，因武帝不听从他的意见，忧愤交加，发病而死。

太康初任河南尹的向雄，向武帝进言："陛下儿子虽多，然而有名望的少。齐王留在京城，对国家是有利的。"武帝不听。向雄是有原则、敢于讲话的人。还在曹魏末期，向雄分别做过王经、钟会的僚属，这两人后来都成为司马氏的叛臣。向雄因与两人有类似于君臣的名分，出面为王经尽哀，安葬钟会，不怕触怒司马昭。向雄坚决劝谏，违抗武帝的意思，起身直接走人，以此发愤而死。

为武帝得位立下大功、私人关系极为亲昵的羊琇，也加入了反对司马攸归藩的队伍。由于他把话说得太恳切，忤逆了武帝，由执掌禁军的中护军降为太仆。

羊琇所出的泰山羊氏，与河内司马氏关系极为密切，羊琇的堂姐羊徽瑜是司马师之妻。羊琇和司马炎是通家之好，一起长大，两人向来随便，不分彼此，在宴会上两人总是同席。羊琇曾对司马炎说："今后你要是得志了，我就想当中领军、中护军各千年。"司马炎开玩笑，答应了。后来羊琇因骄纵不法，被司隶校尉刘毅弹劾，按律应处以重刑，武帝以羊琇有旧恩，仅免官而已。不久就令他以侯爵白衣领护军，接着复职。

但这次羊琇站在齐王一边，武帝再也不念旧情，毅然把羊琇降为太仆，剥夺了他的禁军指挥权。羊琇愤懑不已，发病而亡。

司马昭的女婿、出身于太原王氏的王济，自己劝谏不说，还屡次要他的妻子、常山公主到宫廷里哭劝武帝令齐王留都。武帝很是气愤，对着侍中王戎，指责王济太不像话，居然叫老婆进宫哭哭啼啼，干预他的家事。王济也由此受到惩罚，被贬为国子祭酒。

过后，武帝对王济的姐夫和峤谈起他的打算：准备先把王济痛骂一顿，然后封爵。和峤太了解这个小舅子的性格了，认为武帝的做法恐怕不能令他服气。

武帝不信邪，召见王济后，狠狠地责骂一番，然后问："你知道羞愧了吗？"

王济却说："汉代有'尺布斗粟'的民谣，我常常替陛下感到羞愧。"

这是引用汉文帝的典故。汉文帝曾经把其兄淮南王刘长流放至蜀地，骄傲的刘长不甘受辱，绝食而死。民间因此事而流传了一个歌谣："一尺布，尚可缝；一斗米，尚可舂；兄弟二人，不能相容。"嘲讽汉文帝容不下亲兄弟。

当初司马昭重病不起，担心争位失败的司马攸心不自安，哭着为司马炎讲叙汉淮南王、魏陈思王曹植的故事；

临死前，拉着司马攸的手交给司马炎。但淮南王的故事还是重演了。王济敢于拿这民谣当面讽刺武帝，可见武帝这个决策，很失人心；同时也表明了司马攸在朝廷内所受支持的程度。

发生这样大规模的反对，甚至是羊琇、王济等至交、贵戚接连进言，武帝就更不能改变主意，为此不惜出重拳强行打压反对的声音。经此事变，司马攸的庞大影响力、司马攸在朝廷内外的群众基础，他已经充分领略、见识到了，这更坚定他为太子尽可能地扫除障碍的决心。

太康四年（283），武帝策命司马攸：一方面拔高、渲染归藩的重大政治意义；另一方面，把济南郡划归齐国，封司马攸之子司马实为北海王，又增加司马攸的礼仪规格，如三面悬挂的乐器、六佾的乐舞、黄钺车等。待遇不可谓不优厚，可以说武帝基本上给予了一个藩王所能享受的所有。这既是对司马攸归藩的补偿，也是对舆论的安抚。同时意味着，司马攸的出京，已经是不可逆转的事了。

但司马攸还是做了最后的努力，乞求为太后守陵，以退出政治的方式留在京师。这当然不会被允许。

司马攸了解到是荀勖、冯紞等人构陷他，发愤成疾。武帝派遣太医前往诊断，太医们逢迎武帝的心意，都说齐王没有病。因此，司马攸在病情已加重的情况下，还被催促离京上路。司马攸只好勉强入宫辞别，他素来持重，非常讲究仪表和风度，此时犹不顾病况，矫情自励，举止如平时一样，所以武帝更加怀疑他没生病。

辞后仅仅两夜的工夫，司马攸便呕血而死，时年三十六岁。武帝亲临丧礼，司马攸之子司马冏顿足号哭，把父亲的病情为太医所耽误的事全抖出来，武帝当即下诏，诛杀那些谎报病情、奉迎上意的太医。

司马冏为父亲洗刷了不白之冤，维护了父亲的清誉，由此被舆论称道，于是得以继承父亲的爵位。十多年后，他成长起来，当赵王司马伦篡位，他首举大旗，号召地方起义，随他出兵，到洛阳勤王。司马伦被杀后，他又以首功的资历执掌朝政，短暂地拥有超过父亲的地位和权力。

对齐王之死，武帝起初还很有些悲痛，毕竟有亲兄弟的情分在，而且或多或少也要负上点责任。冯统侍立，说："齐王名过其实，现在得以自终，此乃大晋的福气。陛下为何要哀伤过度呢！"武帝于是收泪。

是的，齐王一死，围绕着储位的纷争自然消歇，他的多年的心结也为此完全解开，这的确不是个过于悲哀的事。

把赌注押在孙子身上

武帝处心积虑地打压司马攸，积极维护太子，并非觉得司马衷还是可造之材。知子莫如父，精明的武帝对这个儿子已经不抱有什么期待。但是，谁知道这个痴痴呆呆的儿子，居然为他添了一个聪慧异常的长孙，令武帝自以为看到了一点希望。

这个孩子叫司马遹，其母亲是谢才人，名玖，其父以杀羊为生。说起来，司马遹来到这个世界，也并不顺利。司马衷在东宫时，快要纳妃了，武帝考虑他年龄尚小，还不明白人事，便把谢玖作为性启蒙的礼物给了他。谢玖这就有了身孕，又怕太子妃贾南风嫉妒，要求回皇宫，生下了司马遹，到三四岁时，司马衷都不知道他有这个儿子。有次入朝，见到司马遹和年幼的诸皇弟在做游戏，大概是父子天性，就去拉着他的手，武帝才说："这是你的儿子。"

司马遹很小时，就表现出了极高的天分。武帝很喜欢他，常常放在身边。宫中曾经在晚上失火，武帝登楼远眺，五岁的司马遹拽着武帝的衣襟到暗处，说："夜里仓促的时刻，应该提防有非常的变故发生，不应该让火光照见人君。"武帝觉得这个孙子有见识，对他刮目相看。

司马遹还曾随着武帝观看猪圈，对武帝说："猪很肥，为什么不杀了来犒劳士卒，却让它们糟蹋粮食呢？"武帝认为他说得很好，便让人把猪烹了，并抚摸着司马遹的背，对廷尉傅祗说："这个孩子一定会让我家兴盛的。"还当着群臣的面，称赞司马遹像司马懿——这是司马炎发出的一个信号，于是司马遹的美名迅速流传开。

有善于望气的术士说广陵有天子气，所以司马遹被封为广陵王，食邑五万户。泰始元年（265），武帝分封诸王：以二万户为大国，万户为次国，五千户为小国。就是司马氏中地位最尊崇的、武帝的叔祖司马孚，受封为安平王，食邑也只四万户，司马遹的分量于是乎显现出来。武帝发出的信号也就更明显了。

为让这个长孙有优异的成长环境，武帝精心选配了强大的师友团队：以刘实为师，以孟珩为友，从杨准、孙荪学文学。

刘实与司马氏有渊源，在曹魏时曾参司马昭相国军事，是司马昭所辟的僚属。他有先见之明，当初钟会、邓艾伐蜀，便预测此次出征，必定破蜀，但两人均不还。他少时贫苦，靠卖牛衣来谋生，但一生勤学不倦，博古通今。他学问很好，尤精于《春秋三传》，辨正《公羊传》，阐发作为臣子的大体；而且品性高洁，行无瑕疵。尽管当时礼教没落，但他自己立身正派。他不是不问世事，对时代的精神状况很关切，针对急功近利的社会风气，写了著名的《崇让论》，倡导逊让。有意思的是，刘实不是个迂夫子，他为人通达。刘实曾因其子刘夏受贿而免官，有人劝他与其诸子早晚切磋，也好使他们改过自新。刘实则以他本人的成长为例，强调人的行为，与经历见闻有关，而不是教诲所能得的。从各个方面来看，刘实是个很合适的为司马遹发蒙的良师。武帝为司马遹选择老师，看来花了很多的心思。

武帝的这一系列举措，都说明了他对司马遹的钟爱，已不局限于一个祖父对宠孙的关系；武帝是把司马遹当作王朝未来真正的继承人来培养，而把司马衷看成是司马遹的必须过渡。从这点来说，司马衷一定程度上是因为司马遹而巩固了他自己的太子地位。

这甚至为后世开创了选立太子的一个先例：明成祖朱棣不喜欢世子朱高炽，倾向于立认为更像自己的朱高煦为储君，犹豫之际，大臣解缙提出了一个选择依据——"好圣孙"，朱高炽的长子朱瞻基自小聪颖，很得朱棣的欢心。解缙的意见坚定了朱棣的选择。清康熙皇帝晚年被诸皇子争夺太子位弄得心力交瘁，他常到明面上表现得比较恬淡的四子胤禛处，其中一个原因，是胤禛之子弘历，也就是后来的乾隆皇帝，聪明可人，很讨康熙的欢心。胤禛得以继承大统，有人认为，有弘历的因素。

不过这有个隐患，就是司马遹非太子妃贾南风亲生，如果贾南风日后生子，这个儿子作为嫡子岂不是比司马遹更有资格继位；当然也有解决方法，就是废掉贾南风，而把司马遹的生母扶正，那么司马遹就是名正言顺的嫡长子了，但贾南风仅仅因为没生儿子就要被废黜吗？而如果维持现状，待司马衷登基后，司马遹被立为太子，皇后是贾南风，这个女人会接受一个非己出的太子吗？武帝不是没有考虑过这些问题，但他也没有太妥当的办法，只好走一步看一步。

扶植外戚杨氏

当初，司马昭为已成年的司马炎选择婚配对象，看中的是名士领袖阮籍的女儿。毫无疑问，司马昭实际上看中的是阮籍在士林中的影响力，期望得到阮籍的配合，来获取更多的舆论支持。但至慎的阮籍不愿意高攀，不愿意与司马氏纠结过深，以连醉六十多天的方式，无言地拒绝了这桩婚事。

之后，司马昭选中了出身于弘农杨氏的杨艳。弘农杨氏是东汉以来能与汝南袁氏比肩的第一流高门，这个家族四世三公；不过，杨艳所出的杨氏这一支，并不发达。杨艳的父亲杨文宗，在魏时仅仅是通事郎。

武帝即位，杨艳为皇后。杨艳很注重维护自己在后宫的地位。武帝曾对她私下表示过对司马衷作为未来皇帝的担忧，被杨艳打消。后来杨艳重病，眼见武帝有移宠胡夫人的迹象，担心过世后，胡夫人如果继她为皇后，不仅会影响到太子的地位，也会影响到杨氏家族的利益。泰始十年

（274），杨艳临终前，枕在武帝的膝上，提出最后的请求，希望立叔叔杨骏的女儿杨芷为皇后。武帝含泪答应。自此，杨氏一门二后，显贵一时。

武帝答应杨艳的请求，也不纯然是重情，而是延续扶持杨氏的既定策略。他是开国君主，但他接手的权力结构是以功臣、宗室为主体的。所以，把外戚杨氏迅速扶植起来，作为一股新生的政治势力，作为一个政治变量，可以用来重新塑造权力结构，拓宽皇权的操纵空间。

第二位杨皇后的父亲杨骏，少时仅为高陆令，骁骑、镇军二府司马，都是低级官员。自从女儿成了皇后，便扶摇直上，平步青云，从镇军将军迁车骑将军，封临晋侯。临晋侯这个爵位的名称，就颇具有象征意义。

杨骏的直线蹿升，表明了武帝扶植心态的迫切；自然，也引起了相当大的不满。尚书褚䂮、郭奕都上表批评杨骏器量狭小，不足以担负治国的重任。武帝当然不会接受这些意见。

太康元年（280）平吴后，武帝颇有些志得意满，以为天下无事了，开始热衷于个人享受，在一般政务上放手，逐渐把权力交给杨骏及其弟杨珧、杨济。三人权倾天下，时人称为"三杨"。这并不意味着武帝权力的旁落，而是有意给予杨氏以足够的空间。

杨氏的贵盛，源自杨芷的皇后身份。皇后和太子是一体的，所以维护太子的地位，就是维护杨氏的利益。

在促成齐王归藩的过程中，杨珧表现得很活跃。早期杨珧还有强烈的居安思危的心态，对杨氏的崛起所可能导致的风险保持足够的警觉。在杨芷被聘皇后时，杨珧上表："历观古今，一个家族出两个皇后，未尝有能保全的，往往会遭受宗族覆亡的祸害。请求把这个表藏于宗庙，如果这话有天印验了，望能免祸。"能把话说到这个地步，也不全然是故作谦逊的姿态，的确有如履薄冰之感。

所以，杨珧屡求逊位。不过，后来杨珧作风又有所变化，纠合朋党，积极压制司马攸；表现既如此活跃，难免激起舆论的普遍反感。

时任中护军的羊琇，骄横惯了，甚至谋划要在见面时手刃杨珧，可见对杨珧痛恨的程度。杨珧提前知道了情况，托病不出，授意有关部门弹劾羊琇。

连羊琇都碰了钉子，自此满朝再无人敢于公开与他对抗。以羊琇和武帝的密切关系，如果不是武帝在背后纵容和默许，很难想象羊琇会这样大失脸面。

武帝在扶植杨氏的同时，也留下了制约的后手。在生命的最后一段时间，他勉力做了重大的人事安排，把已成年的三个儿子迅速推出来，用以加强帝室的力量。命太子司马衷的同母弟秦王司马柬都督关中，楚王司马玮及淮南王司马允外镇要地，设置强藩，以固帝室。

此外，武帝还用亲信王佑为北军中侯——这个职位的前身是中领军，执掌禁军。王佑也出身于太原王氏，不过与得势的王浑、王济这一枝较为疏远；若干年后，王佑的孙子王濛、重孙王蕴、玄孙王恭，在东晋都成了风云人物。

经过这一系列大动作，或许武帝以为，在朝廷和地方均有妥善的布置后，身后应该可以安枕无忧了。

武帝为了确保太子司马衷能够顺利继位，毫不妥协地催促深孚众望的齐王司马攸归藩，以斩钉截铁的态度明确告知朝廷内外他的决心，不惜搬掉、压制不与他同心的大臣，无论这些人有怎样的资望还是功勋。所幸齐王死在他前面，没有使情况恶化；同时，也使武帝有条件从容考虑、布置身后事。

不过武帝没有料到的是，真正的隐患并非来自齐王，而是太子司马衷。

一个基本上不具备治国能力的弱智，却拥有至高无上的权力，好像小孩子怀揣着稀世奇珍到处走，旁边的觊觎者谁不怀有非分之想呢？也不能简单归咎于权欲熏心的人太多，问题真正出在王朝本身。这个由司马炎父祖三代辛苦建立起来的王朝，外表光鲜、亮丽、繁盛、强大、富庶，表现出一副太平盛世的气派，其实内里弊端重重，潜藏着极大的不稳定性，它随时有可能爆炸。

二

危机四伏

武帝既是幸运的，也是不幸的。

幸运的是，他坐享其成，没出多少力，就接收了一个由其父辈、祖辈辛苦经营了数十年得来的庞大基业，父祖们用阴谋和杀戮为他的登基开辟道路，使他的手不用沾满鲜血，使他的身不用背上恶谥；而且，他还有用料理旧账的机会来展示一个开国君主应有的博大胸襟、恢弘气度。

魏齐王芳时任中领军的许允，因牵涉到一起未遂政变中，被司马师所杀，其子许奇入晋后任太常丞。有次武帝前往太庙，不但不听从左右提防许奇的规劝，还擢升许奇为祠部郎。大名士嵇康是司马昭杀的，其子嵇绍被山涛举荐出任秘书郎，武帝则直接任命为秘书丞。所以唐太宗李世民为《晋书·武帝纪》撰写评论时不吝赞词："嵇绍、许奇虽仇雠不弃。仁以御物，宽而得众，宏略大度，有帝王之量焉。"

不幸的是，他接手的，是一个看似花团锦簇、实则危机四伏的摊子。这些危机是在长期的历史变动中酝酿、累积而来的，是盛世中的阴影。

王朝的荣耀集于他一身，而王朝的危机，也要由他来面对。

精 神 失 落

西晋是新生的大一统政权，却没有宏大、蓬勃的开国气象。

晋朝的元勋之一、太傅何曾，参加过武帝的宴会。会后，对其子何遵谈起观感："国家应天受禅，创业垂统。而我每次在宴会上，都没有听说过有关经略国家、长治久安的议论，唯说些生活琐事，这不是为子孙谋划的征兆。到我这里还没什么，后世或许危险了。这是子孙的忧虑。你们或许还可以幸免。"然后指着诸孙辈说："他们这辈人必然遭遇乱亡。"

何曾一语成谶，若干年后，其孙何绥自以为家族累世名贵，奢侈过度，行事倨傲，得罪了不少人，再加上在君相之争中偏向于怀帝，最终被掌权的东海王司马越所杀。何绥之兄何嵩，有感于何曾的未卜先知，大哭："我的祖父真是大圣人啊！"

大臣们没有深谋远虑的想法，要么是目光短浅，看不到将来；要么是内心虚无，根本就觉得没有必要筹谋将来。就前者，是个人问题；就后者，则是价值观念的问题。

掌握王朝命运的精英阶层，压根儿就认为：最重要的，是乐在当下，而不必操心于将来；不是要为国家图谋一个什么样的将来，而是在观念中根本就不承认有所谓将来。一般在王朝的没落期才普遍产生的精神危机，却前置到西晋立国之初，这在历史上也是少见的。

精神世界的危机，在各个领域中弥散、展开。

东汉末年的名士群体，大多抱有道德理想主义的信念。如著名的李膺，他以整顿名教、端正是非为己任。这样做，实际上蕴含一个观念上的前提：信仰名教所指示的人伦理想，确认思想秩序和社会政治秩序的实有、永存。

但魏晋以来，虚无主义成了主流思潮，这种信仰、确认，发生了逆转。曹操分别于汉献帝建安十五年（210）、十九年（214）、二十三年（218）共三次下求贤令，表达了求贤共治的心意；他把人的道德品行和才华能力区分开，在不能兼顾的情况下，宁愿不考虑前者而选择后者。这其中固然有出于政治实用主义的考虑，但也未尝不是他素来不信天命的一种表现。

不信天命的共识发展下去，势必导致轻视空泛的道德戒律。延康元年（220）曹丕代汉，在庄重、严肃的禅让典礼中，他作为操纵者，目睹了参与者们的煞有介事、一本正经的表演，很直率、坦诚地说："尧舜禅让的事，我今天算是知道了。"以今度古，曹丕看透了所谓尧舜圣贤相禅的实质，看透了巍然崇高、令人敬仰的道德不过是权力争夺的华丽装饰。

时人说："曹丕这个人推崇通达，比较随便，所以天下人都跟着看轻节义、节操的价值。"天下人轻视节义，不是曹丕作为帝王带头的结果；他的非道德的通脱，本身也是时代风气影响所致。

上至曹操、曹丕这样的统治者，下至名流显贵，大多抱有这样的认识。儒家崇尚君子人格，对君子的品性、道义和天职等抱有很大的期许。但厌弃礼教的名士，重新定义了君子。如竹林七贤之一的嵇康就说，真正的"君子"，从根本上讲，有个特点：他是没有是非的，他在意识中根本就不必考虑是非。

陈留阮氏是大族，放荡的名士阮咸同宗人聚会喝酒，喝到兴奋状态，不再用一般的杯子，而用大瓮盛酒，众人围坐畅饮。有群猪嗅着酒香上来，猪头伸进瓮中，阮咸直接上去，把猪弄脏的部分酌取、丢掉，与宗人们继续喝下去。

人兽之别，本来是建构礼教的逻辑起点。阮咸们喝酒，虽然没有到和猪同饮、不分彼此的地步，但尺度还是有点大。不把人和猪在意识上严格区分，从礼教看来，是人性的堕落，大错特错；而在崇尚通达的阮咸等名士看来，却是天性的释放，没啥不对。

所以，在这种时代氛围下，虚无主义的哲学便大行于世。当时思想界内，有个备受困惑的话题：天下万物诚然以"无"为本，但以孔子的贤圣，为什么对于"无"，反而没有论述过呢？这个话题的关键，不在于作为圣人的孔子，何以没有论述"无"，而在于大家公认：天下万物确以"无"为本。

对虚无的体认，还加剧了官僚贵族阶层的奢靡和纵欲的习气。

武帝在即位之初，鉴于曹魏政权政风的奢侈，也不是听之任之，而有引导和矫正的行动。譬如，他也曾公开弘扬节俭，倡导寡欲，并从制度上加以规定。有关部门报告御用的车牛上的青丝靷断了，武帝决定降低等级，改用青麻。咸宁四年（278），太医程据向武帝进献一件珍奇的雉头裘，武帝下令在殿前当众焚烧。多少年后，武帝还为此津津乐道："我平定了天下但不举行封禅大典，焚烧雉头裘。"把此事当成他作为一代明主的伟大谦虚的实证之一。

诸如此类的事，还有一些。尽管这些事情本身都不大，但武帝借此要传达的信息很明显，那就是为朝廷做出俭约的表率。

只不过武帝太一厢情愿了，他无力刷新奢靡之风。这不仅是因为他本人同样热衷于享受，过不了清心寡欲的生活，以至于他的倡导沦为空洞的形式；况且，奢靡本就是由特权所造就、所赋予官僚贵族阶层的习性，只要官僚贵族阶层还拥有不受制约的特权，从根本上就杜绝不了奢靡。

更重要的，在对将来不抱预期的时代精神氛围中，纵欲、尽欢、享乐，是不言而喻、理应如此的明智之举。

就以何曾来说，他是个著名的孝子，以维护名教为己任，他也不是不知道文恬武嬉的局面所潜伏的政治危机。但他穷奢极欲，在帷帐、车马、衣服、美食等生活节目上，没有哪项不讲究的。他在皇帝闲居之所接受召见，不吃御厨准备的饮食，而取自家的。魏晋时代，统称为饼的面食流行开来，何曾好吃饼不说，还要讲究花样，蒸饼上如果没有十字形就不吃；他每天饮食花费过万钱，仍然感叹没法下筷子。

他的儿子何劭，在骄奢上毫不逊色。日常吃的喝的，都是四方的珍奇新异之物，一天的花费以两万钱为限。舆论皆以为，连皇家御膳都赶不上他家的。何劭博学，善于为文，对魏晋以来的现当代史，了如指掌，写过不少名人的传记，流传于世，他也以此自诩。他这个人，优游自足，不贪权势。这就更典型了，说明他把奢侈的享受，看成是理所当然的事，看成是自然而然的事，无形中承认这种生活方式就是他们所属的阶层的常态。

挥霍成性的，还有司马昭的女婿王济。武帝曾驾临王济家，饮馔之精美自不待言，居然还用了人乳来蒸小猪，连武帝都看不过眼，没吃完便拂袖而去。但王济又岂是一个只懂得吃喝玩乐的不成器的纨绔子弟？

他少有逸才，风姿英爽，气盖一时——有气质和风度；

他爱好骑马射箭，勇力绝人——有武勇；他善《易》及《老》《庄》，文词俊茂，技艺过人——有文才、通哲学。从这几个方面来看，他具备一个精英应有的全部修养和才华，几乎是全才了。但他的奢侈也是惊人的。也就是说，王济显然认为：一个像他这种出身的人，智慧的发达、身体的强健、气质的高雅、文才的俊美、思想的深邃，与生活上的穷奢极欲可以并行不悖，都是应该的。

再如武帝之舅王恺、贵戚羊琇等，莫不如此。尤其著名的是石崇。石崇是开国功臣石苞之子，他与王恺夸富比奢的故事，足以使人瞠目咋舌。贵族官僚的奢侈，历代皆有，但公然以此来夸耀、竞争，甚至连皇帝也出手相助，则在历史上比较罕见了。这只能说明，他们是以直接的物质形式，来展示他们的优越，当然也暴露出特权包裹下精英阶层内在的粗鄙。

石崇有名言，对他的以享受当下为主旨的人生观直言不讳："人生在世，应该声名俱泰、生活舒适，何必把自家落到只有破缸烂窗的地步！"

对虚无的认同，在实践中，还造就了普遍性的与时俯仰的处世模式。对于高踞社会顶端的官僚贵族来讲，他们没有特别坚持的东西，他们的处世方式是通权达变，并不用某种抽象的教条、原则或者规矩，来把他们自己局限住。

竹林七贤之一的山涛，是司马氏的亲戚以及亲信，他不是曹魏的纯臣，而是新朝的显贵。山涛好酒，但他极有分寸，他的酒量本有八斗，武帝想要测试他，为他准备了八斗的酒，又令人秘密加量，而他喝到八斗，自行终止。足见山涛的自制力是相当强的。

但山涛处世圆滑，不以标新立异来凸显自己。有个叫袁毅的县令，为官贪渎，遍贿公卿。曾经送给山涛一百斤丝，山涛也不拒绝，坦然收下，不过藏在阁中，没有动用。后来袁毅的事泄露，用囚车送往廷尉受审，但凡收受袁毅贿赂的大臣，都被揭露出来。山涛则把袁毅送的丝交给有关部门，丝上沾满了尘埃，封印都没有开封过。山涛可谓随波而不逐流，从众而不失独异。

嵇康临死前，把年仅十岁的儿子嵇绍托付给山涛，山涛不辱使命，在嵇绍长大后行将入仕的关口，为嵇绍卸下伦理的包袱："天地四时，犹有消长，何况是人呢！"劝嵇绍与时俱变，不要纠结于过去的恩怨中。这与其说是劝嵇绍，毋宁说乃山涛本人的人生哲学——既然人事的变化是永恒的，又何必执著于一时的恩怨情仇呢！所以山涛是抱着所谓变化的眼光，向前看，该放下时就彻底放下。

而这也绝非山涛一个人的做法。

同为竹林名士的王戎，入晋后，官越做越大，也越做越油。他见天下不太平，把春秋时代卫国的名大夫蘧伯玉当成立身处世的楷模，与时俱化，不大看重正直的节操。他也曾经牵涉到一起贿赂案件中，被有关部门弹劾。武帝出面发话："王戎不是在意这点东西，只是不想特立独行而已。"随波逐流，不愿与众不同，乃当时许多人的共识。

武帝时代的另一名臣杜预，祖父杜畿、父亲杜恕，都是曹魏政权中的知名人物。但杜恕曾经得罪司马懿，惨遭流放。后来杜预娶了司马昭的妹妹平陆公主，得以重用，一步步上升，并接替羊祜，坐镇荆州，参与平吴之役，成为一代名臣。杜预是当时罕见的全才型人物，对军政、农业、工程、法律、经学等各个领域无所不精，号称"武库"。

杜预骨子里仍是傲慢的。他被任命为镇南将军，自己独坐一榻，令前来道贺的朝廷大臣们落座于连榻上；骄纵的显贵羊琇后到，不满杜预以连榻来待客，没有突出他的特殊地位，所以没入座就甩手而去。

不过杜预的傲慢也是有限度的。他很识趣，懂得适时转弯，该低头时也会低下他高傲的头颅。他在荆州任上，经常馈赠洛阳的权贵。有人问原因，杜预说："只是担心为他们所害，不是有什么好处。"为了保平安，在利害关头，他也不吝逢迎、孝敬，不以为意。

精神的失落，使掌握国家命运的统治精英们没有确信并坚执的价值观念，而在虚无中依仗他们的特权而放纵声色，他们不考虑身后，而只取目前；他们不作长远的谋划，而只注重短期利益。他们满不在乎，优游自得。

阶 层 固 化

魏晋时期，社会结构的相对定型，阶层的对流变得迟滞，是个突出的现象。整个社会，呈现出高门和寒门悬隔的态势。

对高门势族来说，这种态势强化了他们的优越感，塑造了他们自成一系的精英意识以及放肆、倨傲的生活态度。

曹操最重要的助手荀彧，其幼子荀粲，性格简贵，轻易不与一般人交往，能进入他的生活圈子的，均是一时之俊杰。荀粲死时年仅二十九岁，送他下葬的，才十多个人，都是与他出身相仿、志趣相投的名士。

阮籍，是享誉士林的领袖，他纵情任性、有违礼法的事极多，有人讥讽，他却毫不在意："礼岂为我辈所设！" "我辈"两个字，把阮籍自居的优越淋漓尽致地表达了出来。言行尺度的宽松，是阮籍认为的他们这类精英人士理应享有的特殊待遇。

阮咸之子阮修，不喜欢见俗人，有时在路上无意撞见，当即避开。沛国刘昶，官至兖州刺史，他性好酒，和人喝起来，往往"杂秽非类"，也就是不选择对象，不讲究身份，三教九流的人都可以喝到一起去。这是"通达"之举，却不符合他们所属阶层的意识形态。

高门大族，对寒门往往是俯视的，不屑一顾。

山涛出身于河内怀县，与司马氏同郡，不过司马氏可是河内名族。山涛年少就显露了杰出的才华，许多大人物都不轻慢他。他十七岁时，有个同宗特意向司马懿提起山涛，说山涛将来会与司马师、司马昭共同治理天下。可能是这位同宗为了标榜山涛，故而把话说得大了些。司马懿听起来觉得好笑："你们小族，哪里会有这等能力不凡的人物呢！"在司马懿眼里，山氏不过是小族，居然与他们司马氏相提并论，真是燕雀妄匹鸿鹄。

即使一些寒门中人机缘巧合，变迹发泰，跃居上层，仍然不足以消除因其出身的寒微所遭受的歧视。

西晋的开国功臣之一石苞，仪表不俗，能力很强，但出于寒门。由于不寻常的际遇，分别得到郭玄、赵元儒、许允等当时的大人物们的赏识，进而成为司马师的中护军司马，赢得司马师的极大欣赏；接着外任诸地太守、刺史，在高贵乡公事件中坚定地站在司马氏一边。司马昭病逝，他出面要求朝廷以天子规格的礼仪安葬，表达了他对司马氏的忠诚，当然石苞也获得了相应的政治回报。

魏甘露三年（258），在平定诸葛诞的反叛后，石苞便代替诸葛诞镇抚淮南。但是淮北监军王琛瞧不起石苞的出身，向朝廷构陷石苞与孙吴有秘密往来。并非顶级门第出身的太原孙楚，与名族太原王氏中的王济交好，曾经出任石苞骠骑军事。孙楚自负才气，不尊重石苞这个府主，态度傲慢，初见石苞时长揖："天子派我来参卿军事。"从出语到行为，相当不恭。

石苞一辱于同僚王琛，再辱于下属孙楚，都与他的出身相关，尽管他尽忠晋室、功勋卓著、位高权重、才华过人、仪表不凡，无论从哪个方面来讲，都是一时之杰出人物，理应获取人们的敬重和仰慕，但无法改变阶层固化后高门大族自居高贵、歧视寒门的有色眼镜。

族有大小，人分贵贱；出身等先赋地位，逐渐成为决定人的前途、命运的主要因素。这样的社会，当然不公平。

所以武帝时，寒门出身的才士左思，写诗描写这个不合理的社会现实："世胄蹑高位，英俊沉下僚。地势使之然，由来非一朝。"世家大族占据高位，即使身负俊才，却因出身的寒微，也只能屈居下僚。出身决定前途和命运，而这种不公，又不是一朝一夕突然形成的，它由来已久，已有了历史依据。

面对如此现实，寒士究竟该何以自处？

左思的思考可谓典型。要么自己想开点——"饮河期满腹，贵足不愿余。巢林栖一枝，可为达士模。"接受现实，不求非分；要么自己找乐子——"被褐出阊阖，高步追许由。振衣千仞冈，濯足万里流"；要么自己把自己当回事，而不必管实际是怎么回事——"贵者虽自贵，视之若埃尘。贱者虽自贱，重之若千钧"。左思的思考，写尽了寒士的无奈和酸楚，尽管他本人相对而言，经历还算是比较幸运的。

高门和寒门，有骄傲和无奈、得意和酸楚的心态上的区别，但有一点殊途同归，就是对于这样阶层相对固化的社会本身都有疏离感。

高门把他们一生下来就享有的特权归于他们的煊赫门第，所以他们的门户意识特别强烈、自觉。甚至当门户与朝廷、家与国发生冲突时，他们会把前者放在首要位置。

琅邪王氏中的王衍，是西晋后期的重臣。他虽然处在宰辅的位置上，却不以国家为念。国势日窘，他优先考虑的，却是如何巩固和扩大家族的利益。他安排弟弟王澄为荆州刺史，族弟王敦为青州刺史，很得意地对两人说起他的意图："荆州、青州都是战略要地，有你们两人在外，而我留在朝廷之内，足为狡兔三窟。"有识者由此都鄙薄王衍为人，只考虑他们琅邪王氏的家族利益，而这岂是王衍一人之所想！王衍只不过不屑掩饰，把大家的共识直白地说出来了而已。

高门没有国家至上的考虑，寒门也是如此。他们向上流通的渠道狭窄，备受压制，满怀辛酸和无奈，对国家势难有深沉、坚定的认同。

曹魏实行士家制度，士兵的子弟当兵是世袭的，他们的生活受国家严密的控制，是备受歧视的微贱的阶层。有个叫赵至的年轻人，由于家道败落，沦为士家。他自小就耻为士兵，一心想改变命运，为此做了很多极端、激烈、出格的举动；还曾投靠、依附过嵇康，希望借助嵇康的力量来摆脱他的士家子的身份。可惜未能如愿。他甚至还动过逃亡到孙吴的念头，因为在江东，他可以告别卑贱的士家身份而重新开始。

当一个社会的阶层变得壁垒分明，不能创造公平的阶层流通渠道，对下层施以严格的限制，立法把他们编入另册，阻抑他们出头，他们自然不会有维护社会稳定所需的节义。

像赵至，就把敌国孙吴当成可以改变个人境遇的一个备选项，不以投敌为意。尽管他最终还是以辽西良家子的身份于武帝太康中入洛为官，但不表示他真正认同司马氏的统治，当然也不表示他憎恶司马氏的统治。他只求宦学立名，可以脱胎换骨。如能满足他这个意愿，无论什么政权，只要条件许可，都在他的考虑之列。

不止于赵至这样的底层，就连出身不差、有一定根基的官宦子弟，也不排除这种选择。

西晋末，羯人石勒纵横中原，是晋室的一大劲敌。石勒身边有个谋士，叫张宾。张宾之于石勒，恰如张良之于刘邦。张宾，本是赵郡中丘人，其父张瑶为晋之中山太守。论出身，张宾也不算太低，毕竟是二千石子弟，但也不算太高。他自认为智谋不在张良之下，只是没有遇到他的汉高祖。永嘉大乱，群雄竞起，张宾冷眼旁观，发现石勒堪成大事，也不计较其羯人的异族身份，到石勒军中毛遂自荐，逐渐取得石勒信任，成其谋主。

张宾曾对石勒说："自将军神旗所经，衣冠之士靡不变节，未有能以大义进退者。"所谓"衣冠之士"，就是包括张宾在内的有文化、有知识、有能力、有出身的士人群体。这些人并不把自己和晋室捆绑起来，在石勒的凌厉兵锋之下，他们很自然地就"变节"，改换门庭。

范阳卢氏中的卢谌，一直追随刘琨抵抗石勒。后来被石虎所俘，进入石氏政权。卢谌是名家子，早年便有声誉，才高行洁，为世所重。身逢中原大乱，与清河崔悦、颍川荀绰、河东裴宪、北地傅畅等同样是一流门第出身的士人，俱在石氏政权中担任官职。这些人尽管显赫依旧，却感到深深的羞辱，卢谌经常对子弟们说："我死后，只称晋司空从事中郎。"他只认同晋王朝官员的身份。这是情感和理智的矛盾，尽管他在情感上倾向于晋王朝，但由于身处乱世，理智上他必须入仕内心中鄙视的石氏。

总之，阶层固化的结果，是各阶层——无论是高门还是寒门，是受益者还是受损者，都不会由衷地认同、维护这个国家，他们始终把个人、门户的利益放在第一位。

宗室尾大

河内司马氏是大族，人丁兴盛。司马懿兄弟共八人，人才出色，有名当时，号称"八达"，堪比东汉末颍川荀氏"八龙"。其中司马懿次弟司马孚是魏晋之际的一个重要政治人物，他也有八个儿子。司马懿生有九子，司马昭亦有九子，武帝司马炎前后有二十六子。在夺权的过程中，司马氏的子弟们功不可没；在建政后，这些帝子王孙、天潢贵胄，也被武帝认为是确保司马家天下长久、稳定的重要依靠力量。泰始元年（265）十二月，武帝登基，便封二十七名宗室为王。

相对于曹魏严厉限制宗室干政的政策，司马氏对待宗室比较优待，甚至为了汲取曹魏被其取代的前车之鉴，还加以扶持和放任，由此造就了宗室的尾大不掉。

有则轶事可见当时宗室权势之盛。司马懿的伏夫人生有司马亮、司马伷、司马骏三子，分别受封为汝南王、琅邪王、扶风王。武帝咸宁初，伏太妃身体曾有微恙，在洛水边上举行了消灾祈福的仪式。司马亮兄弟三人侍从，仪仗肃然，鼓吹喧阗，声势浩大，震彻洛滨。武帝登上凌云台眺望，不禁感叹："伏太妃可真是富贵啊！"

这一幕在曹魏时代简直是不可想象的。曹魏的法制，对宗王严酷、刻薄，为宗王所配的僚属都是下等庸才，士兵则是老弱病残，而且数量还少，不超过两百人。陈王曹植在文帝曹丕、明帝曹睿时代，多次上表，恳请为国效力，把好话说尽，还对朝廷亲异姓而疏公族的咄咄怪事表示疑惑，但无回应，郁郁而终。民间中流传有曹植被曹丕逼迫七步作诗的故事，这个故事的指向，不仅仅是曹丕对兄弟的嫉恨，更是志在独断的帝王对宗亲根本上的不信任。所以陈寿评论曹魏的王公，徒有国土的名义，而没有社稷的实际，又被防禁、隔离，好像坐监一样。

西晋开国之初，武帝在一定程度上恢复了封建制，大封宗室为王，且赋予诸王以实权，譬如可以自行选用国内官吏。根据封国的等级，配备相应的兵力。二万户为大国，设置上、中、下三军，兵五千人；万户为次国，设置上、下两军，兵三千人；五千户为小国，兵一千五百人。

这个举措，虽然加重了宗室的分量，但尚不足以使他们做强、做大。以封国的数量，相对于天下所有郡县的数量来说，仅占有一个较小的比重，动摇不了朝廷掌控地方的大局。王国虽有军队，但军队并非宗王的私兵，朝廷仍然拥有调动的权力，尽管很多时候并不行使。宗王的僚属及其国内的官僚，朝廷也有处置权。例如楚王司马玮，有舍人岐盛，执政的太保卫瓘厌恶岐盛的为人，就准备收捕他。总之，宗王并不能把他们的封国变成独立王国。

真正使宗室形成尾大不掉之势的，是用宗王内掌禁军、外居方镇。他们的宗室身份，为他们以手中的军政权力在形势有利的情况下参与权力的角逐，提供了充分的名义和足够的实力。

武帝对军权抓得很紧，采取强干弱支的做法，依据形势，削弱州郡兵力，而把天下精兵集中在京师地区。这些军队，分属于不同的组织系统，彼此制衡。包括中领军以及改组后的北军中候所掌管的宿卫军，以及在宿卫军中相对独立，分由左、右卫将军掌管的宫殿禁卫；此外，还有中护军掌管的另一部分宿卫军 **❶**。

对于拱卫宫城、都城安全的宿卫军，武帝尤其重视，自掌权之始，基本上任用的都是亲贵。如与司马氏关系密切的羊祜，在魏晋禅代之际的非常时刻便出任中领军，负责宫禁安全。武帝的亲信羊琇，任左卫将军典禁军长达十三年。

武帝统治后期，宗王逐渐进入了宿卫军系统。被武帝重点扶植的汝南王司马亮，在咸宁三年后，领后军将军，统冠军、步兵、射声、长水等营。

武帝第五子司马玮，做过屯骑校尉，在武帝死后入朝为

---

❶ 此处据张金龙："晋代禁卫武官制度考论"所论，《中国史研究》1999 年第 4 期。

卫将军，领北军中候。第三子司马柬在咸宁初任左将军，领右军将军。

第十三子司马遐在泰康十年（289）任前将军。

下邳王司马晃在惠帝初，领护军，屯东掖门。平吴功臣之一的琅玡王司马伷，其子司马澹，任过前将军、中护军。司马澹之弟司马繇，在诛杨骏之际，屯云龙门，兼统诸军。

咸宁三年（277），也就是武帝病愈后的第二年，针对齐王司马攸威望日增的势头，采用了卫将军杨珧以及中书监荀勖的提议，增封诸王，出镇方面。

太康十年（289），武帝做了生前最后一次重大人事部署，把英年有为的三个儿子司马柬、司马玮和司马允，分别改封为秦王、楚王和淮南王，令他们各自归国，镇守战略要地，统领方州军事，加强夹辅帝室的力量。

除了分封宗室并安排出任要职、授予实权，朝廷非常宽纵这些亲贵，乃至到违法不究的地步。

史书记载，在武帝所封的几十个宗室诸王中，唯有高密王司马泰，以及下邳王司马晃，"以节制见称"。也就是说，唯有这两王能做到自律，那么诸王的常态是，依仗其亲贵的身份骄横不法、胡作非为。当然，之所以能如此，很大程度上是因为朝廷的姑息、放纵。

像司马懿的第八子司马肜，并无多少才具，为人平平无奇，在武帝登基后被封为梁王。此人任用声名狼藉的汝阴上计吏张蕃为其梁国的中大夫，为有司所奏，结果才被削去一个封县，以示薄惩，而随后武帝又增封了陈国、汝南的南顿，并升级梁国为次国。

惠帝元康六年（296），司马肜以征西大将军镇关中，督建威将军周处镇压起事的氐人齐万年，司马肜本与周处有隙，趁机公报私仇，催促周处进军，同时又断其后路，不予救援，导致周处战死，相当于是借齐万年之手来害周处。很多了解情况的大臣事先都已料到，在司马肜的统率下，周处将凶多吉少。中书令陈准便指出："骏及梁王皆是贵戚，非将帅之才，进不求名，退不畏咎，周处吴人，忠勇果劲，有怨无援，将必丧身。"像司马肜这样的亲贵，"进不求名，退不畏咎"，也就是地位和权势稳如磐石，功名利禄激励不了他们，王法刑律吓唬不了他们。果然，事后朝廷虽然归咎司马肜，却没有予以惩处，不久还把他调回朝，拜大将军、尚书令、领军将军、录尚书事，权位反而继续上升。

西晋王朝的宗室，不是只有个高贵的身份，而是还掌握了从中央到地方、从军事到行政的实际权力，同时还有超越法律的特权。他们就这样成了气候，有尾大不掉之势。王朝本来是期待他们成为政权的压舱石，他们却把王朝视为攫取更大权力的绊脚石。

族 群 对 峙

从东汉以来，匈奴、乌桓、鲜卑、羌等游牧民族不断从塞外内迁。汉族政权，无论是大一统的，还是地方割据的，对待这些人，既防范，又利用。曹操就把乌桓人编入自己的军队，号称天下名骑，为曹操冲锋陷阵。

匈奴，与汉族的对峙和交往有漫长的历史，一直是中原王朝的劲敌。东汉光武帝建武二十二年（46），匈奴分裂为南、北两部，北部向西方迁徙，直至进入欧洲。南匈奴则依附东汉。起初居住在五原，后来迁至西河美稷，到鲜卑崛起，尽有匈奴故地。南匈奴深感压力，继续向南迁徙，最终建王庭于并州的左国城（今山西离石）。到东汉末，分布于汾水流域的南匈奴各部发展很快，人口迅速增长，已有三万余落（一落即一帐，大约十口人）。献帝建安二十一年（226），曹操为了削弱南匈奴的势力，加强控制，始把匈奴分成左、右、南、北、中等五部，每部设帅（魏末改为都尉）为统领，并且选用汉人为司马来监督。

西晋初，有二万余落匈奴从塞外来归附，武帝全都接纳，令他们居住在河西。后来与汉人杂居在一起，逐渐延伸至平阳、西河、太原、新兴、上党、乐平等郡。泰始七年（271），单于刘猛反叛，虽然最后平定了，但遗患未消。

侍御史郭钦上疏，建议用一举平吴的兵威以及谋臣猛将的才略，把内地的胡人迁徙至边疆。武帝没有采纳。

其后，边陲地带的匈奴人持续大规模入塞。太康五年（284），再有匈奴部落二万九千三百人归附。七年（286），又有匈奴各种共计十万余口，到雍州刺史、扶风王司马骏处请降。八年（287），还有匈奴一万一千五百口来降。匈奴前后共有十九种，武帝一并抚纳，各自按其部落，统居塞内。

乌桓（也叫乌丸）和鲜卑，也是很古老的游牧民族，被认为是东胡的后裔。乌桓曾经被全盛时期的匈奴所征服，由于有匈奴这个共同的敌人，西汉把乌桓人迁徙到上谷、渔阳、右北平、辽东、辽西五郡塞外，命他们为汉侦察匈奴的动静。东汉建武二十五年（49），光武帝同意乌桓内附的请求，其移居的范围扩大至朔方、太原、雁门、代等郡。东汉末，乌桓介入中原军阀的混战，其首领蹋顿与袁绍结盟。建安十二年（207），曹操北征乌桓，在柳城之战中斩杀蹋顿，收服乌桓余部。

鲜卑是在东汉初才被中原正式了解的。桓、灵之际，鲜卑诞生了一个叫檀石槐的领袖，统一了鲜卑各部，发展势头迅猛，尽占匈奴故地，东西一万二千余里，南北七千余里。为有效控制这片广大的疆域，檀石槐把鲜卑分为东、中、西三部，各部设置"大人"来统领。

檀石槐死后，鲜卑开始内乱，又有一个叫轲比能的领袖兴起，号称有十万控弦之士，其势力范围从云中、五原以东，直抵辽水，是塞外最强大的势力。魏明帝青龙三年（235），幽州刺史王雄派刺客刺杀了轲比能，鲜卑再次陷入内乱，各部离散。辽西有宇文、段、慕容等部，阴山以北有拓跋部，秃发、乞伏、土谷浑等部则向河西、陇西方面扩张。

羌族同样是个古老的游牧民族，其名称在殷商的甲骨文中就已经出现，有先零、烧当、卑湳等种。王莽后，羌人逐渐入塞。

东汉初，马援大败先零羌，把他们迁徙到天水、陇西、扶风等三郡。此后，羌人不断向关中、陇右等地区移动。在这个过程中，遭至各地的小吏、豪族们的欺凌和役使，冲突激烈，羌人积怨很大，经常酿成叛乱。所以，在东汉一代，"羌患"始终是朝廷非常头疼的问题。

三国时，曹魏和蜀汉均看重羌人的勇猛，把他们编入自己的军队。到西晋初，关陇地区还分布有大量的羌人。

氐族在习俗上类似羌族，所以被归为西戎，西汉时主要分布在武都、陇西、阴平等郡。东汉末，氐人也兴起。仇池杨氏中的杨千万自称百顷氐王，还有兴国氐王阿贵，各自统辖部落万余家。东汉献帝建安十八年（213），曹操西征汉中，击败了反抗的氐人，把武都的五万余氐人前后迁徙到扶风、天水二郡。魏文帝黄初元年（220），武都氐王杨仆率部内附，被安置在凉州的汉阳郡。魏齐王芳正始元年（240），雍州刺史郭淮抚柔氐人，把三千余落迁至关中。到晋初，氐人主要分布在天水、南安、始平、京兆等地。

异族深入西晋的腹心地带，定居下来。"非我族类，其心必异"，许多晋臣都持这样的观点，认为久之必有祸患。

惠帝元康九年（299），朝廷平定氐人齐万年之乱后，山阴令江统忧虑异族可能乱华，应该防微杜渐，所以作《徙戎论》，对这种情况提出了警示。

文中指出，羌、氐等族在关中一百万的总人口中已占了一半。他们的生活习性大不同于汉人，彼此混居，容易引发动乱。所以，为了防止这一事态的出现，应该令各族迁回他们的故地：把羌人从冯翊、北地、新平、安定遣返到先零、罕开、析支，把氐人从扶风、始平、京兆迁回陇右的阴平、武都。并州的匈奴，已有数万户，人口之多，超过西戎，天性骁勇，弓马娴熟，比氐、羌要厉害得多。荥阳的句丽，本来居住于辽东塞外，正始年间幽州刺史毌丘俭平叛，把残存者迁徙内地，最初才百余落，现在人口也已不少了。他们发展起来后，必将生变。所以趁着还在微弱之时，最好发遣他们各回本土。

总之，江统奏疏之目的，是使"戎晋不杂，并得其所"，减少民族冲突。不过，朝廷没有采纳。十多年后，果真出现乱局，舆论皆敬佩江统的深谋远虑。

既然朝廷不准备"徙戎"，那么，为解决冲突和矛盾，就只能走融合之路了。

民族的差异以及基于这种差异的冲突，是当时人皆分有的一个观念。汉人自不必说，胡人也是如此。永嘉乱后，刘琨与鲜卑段部的首领段匹磾结盟，共同抵抗石勒。后来段匹磾猜疑刘琨，其弟叔军不希望就此放过刘琨，说："吾胡夷耳，所以能服晋人者，畏吾众也。"他始终坚持自己的民族认同。

事实上，随着彼此杂居混处，民族的融合也在悄然进行。

许多匈奴的上层人物，与名门大族的士大夫有交游，他们的汉化程度很深。匈奴领袖刘渊的第四子刘聪，十四岁就博通经史，兼及诸子百家的学说，孙吴兵法没有不诵习的；精于草书、隶书；善做文章，能为诗赋。弱冠后，游京师，交接名士，张华、乐广等人对他很是欣赏。刘聪的作风，已经与中华士大夫没什么区别了。刘渊的养子刘曜，读书尤志于开拓广度，不像经生一样寻章摘句，雕琢字句。他也善做文章，精于书法；尤其好读兵书，自比管仲、乐毅、萧何、曹参。当然，关于刘聪和刘曜精通中国文化经典的描述，有夸张之处，这里包含着他们在建立政权后控制历史书写来自我美化的成分，但说他们在青少年时代曾经如一般世家子弟那样广泛学习经典，也并不失实。

鲜卑慕容部的首领慕容廆，未成年时便得到以安北将军执掌幽州的张华的赏识，被期许长大后必为人杰，将匡难救世。他以士大夫的礼节造访东夷校尉何龛，令何龛羞愧。慕容廆第三子慕容皝尚经学，其庶长子慕容翰则善抚接、爱儒学，自士大夫至士兵百姓，没有不乐于追随他的。

西晋末，右北平的士人阳裕有干才，当时鲜卑段眷有心招揽。阳裕面临着出处的选择，对朋友成泮谈起了他的考虑："孔子也很高兴佛肸的召唤，不愿为系而不可食的匏瓜；伊尹也说过哪个君主不可侍奉，哪种百姓不可治理。圣贤尚且如此，何况我们这些人呢！"他努力从儒家经典、从圣人的行事中寻找效力的依据，以说明该行为的正当性、合理性。

不过，民族的融合，尽管有其基础，却不会像百川汇海一样顺理成章，必然是一个艰难、曲折的过程，有时甚至要以令人扼腕痛惜的方式前行。

结束了自东汉末以来上百年分裂、战乱的西晋，表面上呈现出一片欣欣向荣的景象，好像盛世又已到来。但实际上，盛世里有阴影。统治精英普遍缺乏筹划长远的意识，他们用纵欲享乐、与时偕行来践行他们对虚无的体认；门阀制度的逐渐定型，使享有特权的高门大族，对门第的认同要大于对国家的认同。这不仅导致了他们在心态上与国家是疏离的，也造成了士族和寒门的对立，加剧社会不同的态势。再就是宗室经过朝廷刻意的扶植，已经尾大不掉，他们有资格觊觎、有实力争夺最高权力。最后就是两三百年来大量入塞定居的塞外部落，他们孔武有力，彪悍威猛，他们在汉化的过程中也慢慢滋生了某种新的想法。

种种矛盾，作为合力而裂变的可能性，其实一直都潜伏着，只需要发动的引子，就能跳出单纯的可能，而必然成为改变现实的巨大力量。

历史把引子也准备好了，它就是贾南风。

三

烈烈南风　徐徐出场

如果把西晋的灭亡，归咎于贾南风，这是不公平的。她只当权了十年左右，而且在这期间，基本上维持了相对安宁的局面，延用有名望的大臣辅政，政治也基本上轨道，连史书也承认当时"海内晏然"。

但是，也不能说就与贾南风没有关系。她以肆无忌惮、彪悍有力的玩弄权力的心思和能力，激活了潜伏在王朝肌体里的诸多矛盾，从而引发连锁反应，最终酝酿成一场席卷一切的大风暴，烈烈南风，吹塌了王朝的统治基础。

不过，贾南风的横空出世，也不是她自己的主动选择；她本来是一颗棋子，一颗被安放在权力斗争棋局中的棋子。但她有自己的野心、自己的欲望，以及自己的手腕，她不甘于棋子的命运，当她处在可以有所作为的位置、形势时，她就从棋子的角色中跳了出来，她要去下这盘棋，去操纵别的棋子。

至于她获得玩弄权力的机会的由来，则要从她的家庭说起，要从她的父亲贾充说起。

权臣贾充

贾充，字公闾，是司马氏的铁杆心腹，为司马氏夺取曹氏的政权立下了别人未曾有过的特殊功勋。

他本是功臣子，其父贾逵乃曹魏名臣，曹操逝世于洛阳，在内外扰攘的非常时刻，就是贾逵主持丧事，稳定局面；其后出任豫州刺史，做出很大的政绩。

起初，贾充袭父爵，在政府各部门中历练；其后参大将军军事，进入了司马氏的核心圈子。高贵乡公正元二年（255），镇东大将军毌丘俭、扬州刺史文钦反，贾充跟从眼睛长瘤、刚做完手术的司马师征讨；事平后，病重的司马师还许昌，又受命监诸军。司马师死后，司马昭继位掌权，贾充任其司马、右长史。

司马昭接收权力不久，担心地方实力派有异心，派遣贾充到代毌丘俭坐镇淮南的征东大将军诸葛诞处，托言伐吴，借以观察诸葛诞对司马氏代魏的真实态度。贾充故意对诸葛诞提起时事，说天下都乐见曹氏禅让于司马氏，就此询问诸葛诞的看法。

诸葛诞忍不住了，厉声说：“你不是贾豫州的儿子吗？你们家世代受魏恩，怎么可以把社稷输送给人呢！”

贾充默然，回洛阳复命：“诸葛诞在扬州，威名素著，并能得人之死力。看他的打算布置，谋反是必定的。现在征讨，谋反会加快，但事情还算小；不征讨，谋反的事会迟点，但后患可就极大了。"

司马昭听从，征诸葛诞入朝为司空，诸葛诞知道已被怀疑，于是起兵反叛。贾充又从司马昭征讨，并献上致胜之策。叛乱平定后，司马昭先回洛阳，留下贾充善后。贾充在司马氏集团中的地位就这样一步步地上升。

把贾充与司马氏绑得更紧的，是高贵乡公曹髦的被杀。

甘露五年（260），血气方刚的皇帝曹髦，不甘忍受司马昭的摆布，不甘充当傀儡，抛出"司马昭之心，路人所知也"的名言，率身边的童仆出宫讨伐司马昭。

司马昭事先已通过各种渠道收到了曹髦即将有所行动的信息，在曹髦身边的王沈、王业等大臣也在第一时间告发，因之早有预备，派担任中护军的贾充率军迎战。

天子亲来，贾充的队伍一时畏于名分，不敢太放肆。太子舍人成济向贾充讨主意："事情紧急，该怎么办？"

到了刀必须见红的时刻，贾充敢于下决心，撂了话："司马公平素厚待你们，正是为今天而准备的，还问个什么！"成济得到鼓励，胆气更壮，当众杀害曹髦。

这就捅出了个大娄子，毕竟是公然弑君，不可能为正统伦理所容。朝廷上下震惊不已，司马懿之弟、德齿俱尊的司马孚，奔赴现场，把曹髦的尸体枕在自己大腿上，失声痛哭："令陛下被杀，这是为臣的罪过啊。"

同样享有很高声望、自居为天子师的著名孝子、琅邪王祥，放声哀嚎："这是老臣的罪过啊！"老泪横流，令朝臣们动容。

弑君之事，必须要有个过得去的交代。自然，舆论把矛头指向了贾充。司马昭特意向侍中陈泰咨询善后之策。陈泰，是陈群之子，颍川陈氏和河内司马氏关系一向密切，而且陈泰与司马昭的私交也相当好。司马昭大概想借助于陈泰的配合，来淡化弑君的舆论压力。

但陈泰的态度不合司马昭的期待，说："只有杀贾充，方能谢天下。"

司马昭问："还有次一等的办法吗？"

陈泰回答："只有比这更严重的处置，而没有比这更轻的了。"言外之意，处理贾充是能勉强过得去的底线，否则就轮到司马昭本人负责了。

司马昭当然不可能听从，这就谈不拢了，陈泰因此呕血而死。在面临政治伦理和门户利益的冲突的两难境地中，陈泰不像满朝的衮衮诸公，少有地选择了前者，求仁得仁，于是不可避免地失去了司马昭之心。从此，本来在魏晋之际位居最显赫家族中的颍川陈氏，开始偏离权力中枢，从顶级豪门的位置跌落下来。

陈泰的态度，反衬出贾充不可多得的忠诚。司马昭没有抛出贾充以塞责，更加认识到贾充的可信。

这口弑君的大黑锅总得有人来背。大人物不能负责，那就由干了脏活的小人物来承担。事后司马昭上书朝廷，讲了一大通冠冕堂皇的话，最后把责任往成济身上推，说成济有违军令，凶残狂悖，大逆不道，处理意见是把成济全家交廷尉治罪。

成济不服，脱光衣服，上屋谩骂，说了很多难听的话。像成济这样鱼死网破式的瞎胡闹是绝对不会被允许的，士兵们在屋下放箭，把他射成了箭垛。

每当大人物们感到特别棘手的时刻，总有小人物跳上前台，甘当清道夫，想替大人物们解决难题、扫清障碍，以为是报恩，以为是士为知己者死，以为是俊杰的识时务，说不定还可以因此而获取更大的赏识，总之什么事都敢做，殊不知，这往往是他们自遗其咎、滑向深渊的开始。

贾充不仅安然无恙、毫发无伤，还借此契机与司马氏的关系更加密切了。不过这事也成了他终生洗刷不了的污点，成了他避免提及的忌讳。贾充病逝前，很担心他的谥号——谥号是对贾充这样级别大臣功过的评定——从子贾模安慰道："久而久之是非自然会出来，掩饰不了的。"无论魏晋人如何普遍通达、轻视名教，但是在关系一生的名节问题上仍不能不在意，贾充就是个显例。

天下的事有时候就很奇怪：贾充的母亲柳氏认同节义的

价值，她不知成济事件的来龙去脉，以为是成济不忠于魏，屡屡追骂，在旁侍奉的人听到，没有不掩口窃笑的。

魏元帝曹奂景元五年（264），伐蜀成功的魏军主帅钟会野心膨胀，据蜀反叛，贾充受命率大军前往应对，足见贾充业已成为司马氏集团中最受信任和倚重的人。

在魏晋即将易代的敏感时期，军国多事，贾充参与机密，谋划了许多重大决策，与河东裴秀、颍川荀勖、泰山羊祜、太原王沈等人，共同组成了司马氏政权的核心班底。司马炎称代魏建晋后，贾充作为佐命元勋，任车骑将军、散骑常侍、尚书仆射。

刚开国的新朝内部并不如表面上的一团和气。泰始初，任尚书令的裴秀遭到了一次严重的政治攻击，去位，留下的空缺为贾充递补。与贾充同在尚书省的另一重臣羊祜，不久主动离朝，外镇荆州，为伐吴作战略准备。

贾充似乎感觉到某种不安，也做出姿态，上书朝廷，要求立功边境，武帝却没有答应。这样，朝廷之内，贾充暂时独大。不过武帝也不会坐看贾充的独大。朝廷里慢慢形成了一股针对贾充的政治力量，他们中间的打头者是侍中任恺。

自汉武帝以来，中央政务机构由三公九卿制逐渐向三省制转变，尚书省承担具体政务，中书省负责起草诏令，门下省则拥有封驳尚书省奏事的权力及裁决君王交代的待议之事。侍中是东晋后才正式形成的门下省的长官❶，因与皇帝接近，在皇帝左右，咫尺天颜，所以位显而权重。

任恺年轻时以识量著称，是魏明帝曹叡的女婿，他有经国的才略，平素以社稷为己任，武帝很看重他，与他关系亲昵，政事也多向他咨询。武帝登基后，前朝留下的一帮老资格的大臣，如郑冲、王祥、何曾等，纷纷告老回家休养，武帝照顾这些老臣，总是委派任恺作为代表前往慰问、传达旨意，并征求他们对朝廷大政方针的看法。任恺深受武帝之器重，于此可见。

任恺厌恶贾充其人，不愿看到贾充长期执掌朝政，考虑到贾充的女儿是齐王妃，担心贾充后来有可能权势更大，因此每每借机裁抑贾充。任恺也不是孤身挑战贾充，站在他这一边的，还有庾纯、张华、温颙、向秀、和峤等大臣。

庾纯是颍川人，其伯父庾嶷仕魏为太仆，其兄庾峻任侍中、谏议大夫。庾纯博学有才，为当世儒宗，相继出任中书令、河南尹。

和峤少以雅量著称，他极仰慕舅舅夏侯玄的为人，夏侯玄的器量之宏深，在魏晋之际是有名的。和峤最痛恨的，是

---

❶ 魏晋时门下省正式形成统一的机构，有个演化的过程，在此只是笼统论述。参见陈仲安、王素著：《汉唐职官制度研究》，中西书局 2018 年版。

党附贾充的荀勖。和峤任中书令，荀勖任中书监，旧制监、令同乘一辆车上朝。和峤爱憎分明，不屑于场面上的客套，接他们的公车来，他先登车，端坐在中间，不给荀勖留空间，荀勖只好另外找车。从此这成了惯例，中书令、监各坐各的车。

向秀是嵇康的好友，名列竹林七贤中。嵇康以莫须有的罪名被杀后，向秀入洛为官，向司马昭妥协了。但他站在任恺背后，反对贾充，可见也不是完全淡泊、不理世事。

任恺的身后有一帮大臣，所以贾充深切感受到任恺的不好惹，一时也没有好的法子来应付。后来逮到机会，向武帝进言，恭维任恺忠贞不屈，为人正派，应该调任东宫，放在太子身边，维护太子。贾充的打算，是把任恺与武帝隔开，以免任恺利用侍中的身份在武帝近旁随时施放暗箭。孰料武帝接受了建议，任命任恺为太子少傅，却没有解除其侍中的职位，贾充的如意算盘落了空。这也隐约透露出，武帝有用任恺来制衡贾充的意图。

至于庾纯，对贾充丝毫不假以颜色。有次与贾充在宴席上，因敬酒发生不快，当众口角，相互揭短。庾纯情急之下，脱口而出："高贵乡公何在？"把朝臣们视为禁忌的弑君往事拿出来说道。此话的分量，犹如西汉时儒家学者辕固生与道家学者黄生在汉景帝面前辩论商汤、周武讨伐夏桀、商纣是否受命，直接牵涉到西汉政权的合法性。

庾纯最终为他的失言付出了政治代价，官职被免。这也说明了，贾充与西晋政权其实是绑在一起的。拿弑君来质疑贾充，投鼠必及器，实际上也波及了晋朝的法统。

　　还有一个叫秦秀的博士，素来鄙薄贾充，叱责贾充为小才。其实贾充是行政干才，在魏末曾任廷尉，精于法理，舆论称道他善于平反，新朝的法律就是由他来主持修定的。而且，贾充好奖掖后进，对于举荐的人才，他照顾到底，所以士人中归附他的很多。贾充并不如秦秀说的那样不堪。

　　这些人对贾充的攻击，既含有党争的因素，不可否认还有通过攻讦权臣来上位的考虑，同时也有站在道德高地上的谴责，因为贾充身上有清洗不掉的瑕疵而又身居高位，不免玷污了他们所认为的新朝应有的光洁形象。

　　贾充对他被这些人作为靶子来针对很是头疼。可贾充绝非孤臣，他周围也有杨珧、王恂、荀勖、冯纨等一众拥护他的党羽。双方斗争虽然激烈，起初只是暗中较劲，没把矛盾公开化。

　　武帝想约束一下这两派系的纷争，免得闹得不成体统，就把任恺和贾充召集到一起，当面呼吁保持团结。两人见皇帝已明知情况却又不加责罚，结怨更深。表面上大家当然遵照武帝的指示，保持着一团和气，好像相互尊重，皆表现出朝廷大臣该有的风度，但内里却更加不平了。

　　其实，党争本就是皇权的衍生物。皇权对于朋党，既想打击，同时又在一定程度上有所需要。如果任由朋党横行，大臣们结成小圈子、抱团，一则威胁到皇权的安全，二则导致营私舞弊、党同伐异的风气，所以凡有所作为的君王，总是警惕、抑制大臣的结党。不过，当皇权越是振作，越是走向专断，反而越需要朋党。利用朋党的对峙，可以实现平衡，皇权则借此保持居中操纵的优势。武帝亲自出面干涉任恺和贾充之争，是想把双方置于他的主导之下，避免失控，但结果是，双方此后更无什么好顾忌的了。

任恺等人，耐心地等待恰当的时机，以便一举拱倒贾充。有意思的是，贾充的家庭内部也不太平，而且家内的纷争与他在朝廷的权争纠缠在一起。

贾充的家庭政治

贾充前后有两任妻子。

前妻是李丰之女李婉，性情淑美，才德兼备。李丰乃名震一时的大名士，其人非常善于砥砺名行，迎合舆论，踩准社会的价值痛点，以获取世人的称誉。如果放到今天的互联网时代，李丰将大概率成为吸引粉丝热切关注、流量巨大的网红。他的名声甚至远扬至敌国，魏明帝曹叡接见过一个来自东吴的降人，好奇地打听在江东都听说过中原的哪些名士。该人回答：李丰。

魏明帝厌恶虚有其表、夸夸其谈、喜欢说三道四、评论是非的浮华名士，曾经打压过。魏明帝死后，李丰迎来了仕途的转机，地位持续上升，在司马师执政时担任中书令。

嘉平六年（254），李丰拟发动政变，诛杀司马师，事情泄露，反为司马师所杀，一场政治大清洗随之展开，李丰的家人自然受到株连，已出嫁的李婉于是与贾充离婚，被流放到远在今天朝鲜北部的乐浪郡。司马炎称帝后，李婉因大赦得以返回洛阳。李婉和贾充生有二女贾褒、贾裕，其中贾褒嫁的是齐王司马攸。

贾充在离婚后，另娶了城阳太守郭配之女郭槐为妻，这个女人妒忌心极重。当然，所谓"妒"，是以当时通行的道德尺度来衡量的。按照儒家伦理对女性的要求，不"妒"方为女性应该有的品德，方是妇道。而这个郭槐，可不是什么妇道人家；岂止好"妒"，简直性情粗恶。

郭槐为贾充生下过一子，叫贾黎明。三岁的黎明有回被乳母抱着，待在门口，看见贾充迎面走来，喜笑颜开，贾充就着爱抚黎明。郭槐远远望去，怀疑贾充和乳母有私情，即把乳母用鞭子抽打致死。黎明依恋乳母，发病而亡。类似的事此后还发生过一次，同样是因为郭槐的疑心，导致又一个出生不久的小儿子死亡。

这个故事似乎是要告诉世人：是郭槐的好妒，导致贾充无后。

郭槐也生有两女，分别是贾南风、贾午。小女儿贾午，性格热情、奔放。贾充有个僚属，叫韩寿，系名门出身，是魏司徒韩暨的曾孙。韩寿姿容俊美，仪表出众，贾充每每在家宴请宾客、僚属，贾午就从窗格中偷看令她春心荡漾的韩寿。哪有少女不爱慕美男子呢！一来二去，两人便发生了私情。

精明的贾充立刻察觉有异。他见女儿成天欢快得很，心情舒畅，完全是一幅陷入热恋、被爱情滋润的样子；又从韩寿身上闻到一种奇异的香气，此香非本土所有，乃外国的贡品，而武帝只把这香赐给了他以及另一大臣陈骞，所以怀疑贾午和韩寿关系非同一般。但是贾家墙垣重密、门阁高峻，韩寿何以出入内室？

贾充不动声色，托辞有小偷，假装派人整修墙垣，查到了东北角有翻越的痕迹。贾充又审问贾午身边的婢女，顺藤摸瓜，得知了实情。他倒没怪女儿玷辱门风，也没为难这对情侣，而是很开明地把女儿嫁给了韩寿。这个故事极有名，唐代李商隐《无题》诗用过这个典故，写道"贾氏窥帘韩掾少，宓妃留枕魏王才"。《西厢记》里，张生和崔莺莺翻墙定情的情节，也来于此事。

贾午后来生下一子韩谧，在贾充逝世后，由其母郭槐做主，并得到武帝的特批，过继到了夭折的贾黎明名下，改姓贾，继承贾充的爵位。贾谧在姨妈贾南风掌权后煊赫一时，这是后话了。

再回到贾充的妻子身上。

前妻李婉遇赦回到洛阳，如何安置她，对贾充来说，成了一个比较棘手的难题。他是当朝宰相，一言一行皆是世人观瞻之所在，凡有所动作，不得不考虑社会影响。

武帝因齐王司马攸的缘故，不想令王妃之母难堪，授予贾充特权，允许他打破礼制，并置左、右两夫人。而贾充的母亲对这个前儿媳怀有十分的好感，亦命贾充迎她回家。

上有皇帝特批，内有母亲眷顾，下有女儿推动，李婉回贾家，应该是顺理成章的吧？但谁都没有估计到郭槐的反抗意志。

郭槐暴怒，撸起衣袖，数落贾充。这就是所谓"妒"性发作了吧。她认为自打入晋后，贾充的功勋里有她的份，她在贾家的地位是自己辛苦挣来的，不是沾贾充的光，不愿自己努力的成果被李婉所分享，所以坚决不同意李婉同她并立为夫人。面对悍妻，贾充无计可施，不得已，在答武帝诏书时，托词不敢当两夫人的盛礼，其实是畏惧郭槐的强狠。

贾充为李氏另筑别馆于洛阳永年里，平时绝无来往。但纸是包不住火的，郭槐得知此事后，每逢贾充外出，辄派人打听行踪，唯恐贾充到李氏处。

李氏素有才德，她在流放乐浪期间，著有《典诫》，内容无外乎鼓吹女德。以她的娴淑温和的立身风格以及对女性道德的尊崇，自然不会对贾充有什么出格的举动。

不过，其长女贾褒，依仗着齐王妃的身份，无论是私下还是公开，都极力为母亲出头，对贾充逼得很紧，不遗余力地要求贾充迎母回贾家。

最激烈的一次，是贾充将要出镇关中时，朝廷公卿大臣都到洛阳城西的夕阳亭为贾充践行，贾褒、贾裕两姐妹也有出席。她们担心贾充就这样一走了之，母亲的身份问题还悬着，没有着落，情急之下，拉开帷幔，从座中起身叩拜，额头都磕出了血，向贾充及在场的权贵们述说母亲应被迎回的意见。这相当于把家庭矛盾付诸公众，给贾充施加舆论压力。

众人皆以贾褒是王妃，不想掺和此事中，惊起散开。贾充没有料到女儿居然会来这么一出，又是羞愧，又是惊愕，令人把女儿扶走。

郭槐强烈地感受到了威胁。她也有女儿，她要保住她在贾家的独一无二的地位，她要压制、抗衡李婉，唯有把女儿嫁给太子——借女以自重。为此，郭槐甚至贿赂武帝皇后杨艳，希望杨皇后成全。

在立贾充女为太子妃这点上，郭槐和杨皇后的利益、立场一致。杨皇后也想巩固太子的地位，因为她本人及其杨氏家族的命运，已同太子的地位联为一体，一荣俱荣，一损俱损。如果齐王司马攸得以取代太子司马衷而最终继位，她及她们杨氏势必失势。所以杨皇后同样希望通过太子的婚姻来争取有力的奥援，贾充的女儿无疑是个非常合适的人选。

经过多方运作和努力，最终郭槐的愿望实现了。女儿成为太子妃后，她的地位便彻底巩固了，李婉再也威胁不到她。而且，武帝出面，对高门大族中类似于李婉的这类情况，统一做出了裁定：一律不得回原夫家。经此事件，齐王妃贾褒大受打击，忧愤而死。

郭槐能笑到身前，不过管不了身后。她在贾氏的地位，不仅仅是贾氏的家事，同时还是统治阶层权力斗争的一部分；尽管只是微细的一部分，对她个人而言，却是全部。贾充死后，李女和郭女，都想要各自的母亲与贾充合葬，此事历经多年也未能得到解决。直到后来贾南风失势被杀，李氏方得以与贾充合葬，事情才算是有了个了断。

家庭政治中的贾南风

泰始六年（270），秦州刺史胡烈镇压叛乱的鲜卑秃发树机能失利，死于万斛堆；第二年夏，凉州刺史牵弘征讨侵犯金城的北地胡，引起更大的骚动，叛乱的胡人把牵弘围困在青山，牵弘战败而死。西北形势告急，武帝深以为忧。

任恺等人抓住这个机会，游说武帝："秦、凉覆败，关右骚动，这的确是国家甚为忧虑的事。应该从速镇抚，使混乱的人心有所依靠。如果没有威望素著且有谋略的重臣坐镇应对，是不足以平定西北局势的。"

　　武帝问："谁可担当重任？"

　　任恺说："贾充是最合适的人选。"任恺的同党也在旁附议，表示赞同。武帝同意了。

　　泰始七年（271）秋，诏令贾充出朝，使持节、都督秦凉二州军事。贾充对这个人事变动很不满，为此忧心忡忡。因为一旦出了朝，远离中枢，鞭长莫及，对政敌们释放的冷箭不能及时做出有效回应，久而久之，前景可能就不可测了。但事情好像已成为定局，贾充一时也没有挽回的良策，莫可奈何。

　　为难之际，中书监荀勖出来，为贾充谋划：把女儿嫁给正在议婚阶段的太子司马衷，这就可以因太子妃之父的身份而避免外任，理所当然地留在朝廷。这一招妙棋令贾充顿时释怀，又问谁能向武帝做此提议。荀勖自告奋勇，允诺适时进言。

　　不久，在武帝的宴会上，谈起了太子的婚事，趁着这个当口，荀勖便把贾充之女大大地夸了一通，提名为太子妃。

　　本来武帝属意的人选是大臣卫瓘的女儿。武帝说："卫瓘的女儿有五可，贾充的女儿有五不可：卫家的，温和，漂亮，高挑，肤白，还是能够多生儿子的相；贾家的，好妒，丑陋，矮小，肤黑，不像能生儿子。"

武帝似乎很喜欢了解他身边的显宦贵戚们的家族情况。例如，他同王济聊起过其叔王湛，王湛最初在他们阶层中的公众形象是痴痴呆呆、傻里傻气，武帝便饶有兴致地打听起王湛的近况，对王济开玩笑："你的傻叔叔最近怎么样了？"他还问过侍中周浚："卿宗族后辈中有哪几个是不错的？"周浚说："臣叔父之子周恢，在宗族中以重著称；臣从父之子周馥，在宗族中以清著称。"贾充和卫瓘俱是重臣，武帝平时通过各种渠道了解两家的情况，也是应有之义。

尽管武帝对两家女儿的情况掌握得比较准确，但经不住杨皇后的坚持，还有荀颛等人的附和，最终确定的太子妃人选还是贾充之女。

这桩婚事，政治需要当然是相关方面首要的考虑因素，也可以说几乎是唯一因素。

从贾充方面来讲，联姻帝室，足以保障贾氏家族的权势不坠，他自己的荣宠不衰。尤其对郭槐而言，更加满意，有女儿做太子妃，就完全凌驾于女儿仅仅是齐王妃的李婉之上了，更能扬眉吐气。

当初，郭槐打算探望居于别第的李婉，贾充说："她有才气，你不如不去。"待郭女为太子妃后，郭槐觉得这个时候底气足了，腰杆也硬起来了，有实力与李婉较劲；于是盛装打扮，多带奴婢，排场很大，去见李婉。无疑，这是以太子妃生母的身份来向情敌示威。

从武帝方面来讲，贾充是他要拉住的对象。因为齐王司马攸也是贾充的女婿，如果把贾充的女儿嫁给太子，至少可以在情况有变时避免贾充彻底偏向司马攸，可以按捺住贾充的心思。

咸宁二年（276），武帝染疾，群臣心思大动，跳出来活动的人不少，河南尹夏侯和就直接把话向贾充挑明："太子和齐王，都是您的女婿，亲疏一样。在这种情况下，如果要选择继位者，当然应该倾向于有德者。"贾充没有表态。没有表态，至少是不明显偏向于齐王。而如果太子与贾充没有翁婿之亲，贾充的态度可就说不准了。所以，武帝预先下好用以稳住贾充的太子妃这步棋，是走对了。

荀勖向贾充献上联姻的计策，并自愿进言，其实早已看清了朝廷的形势，把准了武帝的脉搏，评估了成事的概率。这个能在各方都能落好的进言，荀勖当仁不让，没有理由让给他人。《晋书》本传说荀勖"久管机密，有才思，深得人主微旨，不犯颜忤争"，这点从他提名太子妃一事就可以看出。如果不是准确得到武帝等人的真实想法，以他的缜密和慎重，是绝不会发此提议的。

不过，太子妃起初拟定的对象是贾午。而当时贾午年仅十二岁，小太子一岁，身材也还矮小，没有个成人的样子，所以又换为时年十五岁的贾南风。

现在已不知道贾午和韩寿发生私情的确切时间，如果就在商定太子妃人选的期间，那么，贾午出了这样的事，显然就更加不适合嫁给太子了。或许，嫌贾午还没有成人的样子，只是个托词。

泰始八年（272），贾南风正式被册封为太子妃。

在这桩婚事中，贾南风究竟是什么态度，已不得而知。虽然可以成为太子妃，以及未来母仪天下的皇后，贾南风想必也不一定就非常满意，大概没有女人甘心嫁个一个众所周知的弱智，哪怕他是太子；更何况贾南风智力发达、手腕灵活、性格强悍、出身优越，虽说其貌不扬，也未必就瞧得起太子妃这个名头。

但不管贾南风愿不愿意，她已注定要去成全这桩对相关各方都有利的政治婚姻。她是武帝拉系贾充的缰绳，是父亲固宠保位的筹码，是母亲巩固嫡妻身份的资本，是妹妹贾午能如愿以偿嫁给情郎的前提，是贾氏家族权势不坠的明证，也是荀勖等宠臣穿针引线、左右逢源的好牌，是外戚杨氏一门常葆显赫的力援，乃至也是司马衷坐稳太子之位的保障。

这么多复杂而重大的利益关系，都已注定要靠这个待字深闺人罕识的女子来维护，再没有人比她更合适了。局中诸人都是从各自的利害出发抬出这个女子，他们以为这个女子不过是颗可以任由他们按下的平平无奇的棋子，但他们没料到的是，这个女子身上蕴藏着巨大的能量，一旦释放出来，足以造成天崩地裂的后果。

可这又是谁人能事先预测得到的呢！历史总是会用意料不到的结局来嘲弄那些自以为得计、自以为会下大棋的人们的短视和私欲。

无论如何，贾南风就这样出场了。当然，一开场她还不是主角，她还比较任性和稚嫩，她还需要经历挫折，才能真正成熟起来。

贾南风发飙

贾南风身上有母亲强狠彪悍的性格的印记。

她也好"妒"，控制欲很强。本来，以太子的身份，东宫的女人都归太子所有，这是太子的特权。而作为国家意识形态的名教也教化普天下的女性：不仅要心甘情愿地接受这个事实，而且要积极协助男性满足其欲望。也就是说，有教养的女性，不能有"妒"这样的"恶"行。但贾南风并不认可这套束手束脚、荒谬可笑的观念。

她已故去的婆婆、武帝的第一位皇后杨艳，同样性"妒"（所以被站在男权立场的史书记载，作为道德瑕疵，留在历史中）。而武帝的好色在历史上是彰明较著的。这位皇后当然压制不住武帝，不过她自有特殊的法子来应对。

泰始中，武帝要博选良家女子填充后宫，先下令全国禁止嫁娶，然后派遣宦官到全国各地海选，再交由杨皇后来把关。为皇帝选女人，也是杨氏的职责。她拒绝不了这个工作，但也不是没有她的考虑和算计。于是，她利用职权，不留端正漂亮的，只选那些肤色洁白、身材高大的。这是何意呢？肤色洁白，还能看得过去；身材高大，则有失妖媚。看得过去，表明她尽了责任，没有妒忌；有失妖媚，则引起不了皇帝的兴趣，不会专宠。她在权力的边界内小心翼翼地保护自己的利益。

大臣卞藩的女儿有美色，武帝看中了，掩扇对杨后说："卞氏女好。"如果卞氏入宫，那是极有可能成为杨后的劲敌。杨后要把这种可能性扼杀在萌芽中，换了一套说辞："卞氏可是三代出过皇后的，卞家的女儿不可委屈做妃嫔。"武帝毕竟并不是唯色是图，他也要考虑政治影响，只好打住。杨艳就这样巧妙而卑微地维护着她后宫之主的地位。

很明显，这种类型的"妒忌"，不是基于情感排斥共享，而是基于利益，怕自己的地位受到威胁。因其性情和身份，杨艳只能做到这个样子。所以杨艳是个依附性的角色，靠着她的柔顺，来维持着武帝对她的眷恋。

她生了重病，眼见武帝宠爱胡夫人，恐怕在她身后胡夫人会接替她的皇后位置，担心太子不安，选择在临终前这个人最容易令人伤感、动情的时刻，头枕在武帝的膝上，把堂妹杨芷荐给武帝为皇后；就是利用人内心的柔弱的一面，尽可能地调起武帝的怜悯之情，来感动武帝。果然，武帝流泪应允。

贾南风则不一样。

她的性格是强悍的，她更敢于不顾身份，敢于把事情做绝，哪怕狠辣、残忍，也无所谓。她不甘于依附，而是要去操控；她不是在被划定的边界内稍微伸展个人的上下其手的空间，而是突破边界去开拓更多的活动余地。

她的所谓"妒"，不是像杨皇后那样，害怕已获的利益受威胁；而是像她母亲那样，厌恶本就属于自己的利益被侵犯。她母亲极其排斥李氏，之所以愤怒地对贾充动粗、叫嚣，是认为自己在贾充的事业里出过力，她在贾家的地位是自己挣来的，而不是妇凭夫贵，不是依赖贾充、沾了贾充的光。所以，贾南风胆大心狠，积极主动，对于认定应该属于她自己的东西，会毫不犹豫地攫取；对于属于自己的东西而又被他人侵犯，会愤然出手。

作为太子东宫的女主人，贾南风表现得非常暴虐、狠毒，曾经亲自动过手，杀了好几个人。她不接受太子被其余女人分享，加上又有权诈机变的本事，东宫中的嫔御极少有进到太子身边的。如果有女人机缘巧合与太子有了关系，甚至有了身孕，对其人而言，这可不是幸运，简直是噩运。有次，她就拿起长戟，投向一个有身孕的侍妾，造成这个可怜的女人流产。

武帝听说此事后，震怒不已。这个事应该是导火索，把武帝积久的不满都点燃了。以贾南风的从不知收敛为何物的猖狂，平时做的不合身份、有损皇家声誉的事，应该远不止这一件。

可能以往武帝觉得还可以暂时睁一只眼、闭一只眼，也就算了。但是这次，贾南风做得太过分。侍妾的地位虽然低下，但怀的毕竟是帝王家的骨肉，贾南风的暴行，性质就不同于普通的妒忌了。当时在洛阳东北角的金墉城正好修缮完毕，武帝便准备废了贾南风的太子妃，把她拘禁到金墉城里。

贾南风面临着被废的危机。她如果被废，当然于各利益相关方不利。所以，该出来劝谏的，纷纷登场说话。

武帝九嫔之一的充华赵粲，是杨皇后舅舅赵俊之兄赵虞的女儿。杨皇后为了报答当初舅家的养育之恩，把赵粲引入内宫。赵粲很从容地从女性的角度把这事的性质轻描淡写，说："贾妃年纪还小，嫉妒是女人的常情，长大后自然会变好的。"

其后，外戚杨珧又提醒武帝："陛下忘记了贾充吗？"武帝的第二位杨皇后杨芷也出来了，对武帝说："贾充有功于社稷，几代都要宽宥。贾妃是他的女儿，还处在妒忌的阶段，不足以用小小的一点过失就掩盖了贾公的大德。"

两人都希望武帝慎重考虑贾充的因素。此事发生的具体时间失载，不知是在贾充的身前还是身后。如果贾南风被废，无疑将被舆论理解成为一个针对贾充的政治信号，可能引发政局的变动，而杨珧和杨芷暂时不愿意看到这个结果的出现，所以力阻武帝废贾南风。

当然也不能完全坐视不理，任由贾南风继续胡作非为，杨芷屡屡就此严厉训诫贾南风。贾南风不知道杨芷曾为她说情，还以为皇后在武帝前构陷她，便记了仇，愤怨更深了。数年后贾南风发动政变夺取了权力，狠狠地报复了已是太后的杨芷，大出一口恶气。

此外，荀勖与冯紞等贾充一派的大臣，也积极为贾南风说话。在各方面的劝谏下，武帝收回了想法。贾南风的地位得以保住。

经历过这场风波，贾南风大概见识、领略到了帝王挟权势而发的盛怒。她也暂时收敛了些，不过这不是表示她已汲取教训、断然悔改，而是耐心等待，因为只有等待她做了皇后，只有等她掌握了最高权力，再就没有敢于对她指手画脚、说是道非的了。

太子司马衷，应该既怕这个彪悍的老婆，同时又被她所迷惑。怕，是因为他的懦弱和低能；迷惑则是因为这个女人不是庸脂俗粉，有主见、有办法、有手段，能帮他渡过很多难关和考验，所以对她还有一定的依赖、信赖。

要知道，太子的地位并不稳固，群臣中一直有强大的反对声音，而武帝有时为了回应舆论，也会装个样子出个题目要太子解答，用来向朝廷内外表明太子有基本的能力足以胜任储君，但以太子的智商，要交出答卷，显然不胜其累。这个时候，贾南风的作用尽显，为太子拿主意，撑腰打气，张罗搞定。有这个精明强干的老婆在身边，虽然脾气是差了点，性情是凶了点，但足能使太子有惊无险地通过种种令他头疼抓狂的考察，太子有点离不开贾南风了。

贾南风帮助太子处理这些棘手的事情，从中也慢慢摸熟了权力游戏的玩法，了解朝廷运作的方式，还有种种人事纠葛，她有这么高的智商，一来二去便成为此中高手。现在她还只是站在太子身后，但她已然明白，只需暂时忍耐、收敛，等到太子顺利登基的那一天，她就可以通过操纵这个懦弱低能的丈夫而操纵整个朝廷，她将君临天下，成为王朝的实际统治者。

当然，即使做了皇后，要真正掌握权力，也不是那么水到渠成的事。在她上面，还有太后，太后背后还有势力庞大的杨氏家族。在武帝多年刻意的扶持下，外戚杨氏已经羽翼丰满，党羽遍布朝野；而她的父亲贾充，则先于武帝而逝世，依附于贾充的冯紞、荀勖等大臣也陆续辞世，贾氏家族外表看来显赫依旧，但新一代还未成长起来，实际上缺乏足够有力的支撑者。她如果要获取权力，注定需要用一种非正常的方式。

腥风血雨在暗中成形。

四

斗地主式的权力牌局

权力游戏好比牌局，赢家不一定全都是拿着一手好牌的，出牌也很关键。

揣摩对手的心思，观察牌局的形势，灵活调整己方的策略，有时候甚至不惜冒险孤注一掷，没有胆量的配合，优势实力不一定发挥得出来；反过来，在实力不足的情况下，耐心等待，积蓄力量，合纵连横，瞅准时机，放胆一把全押上，出奇制胜，说不定反倒能够大获全胜。

贾南风就是这样的打牌高手。她和太傅杨骏、宗室中最有声望的汝南王司马亮，还有武帝之子楚王司马玮等三人，开始了一场赢则通吃天下、输则名裂人亡的牌局。

论桌面上的筹码，贾南风最少——她只空有一个皇后的身份，但她居高临下，审时度势，睥睨对手，利用矛盾，借力打力，铲除眼中钉，没用多少力，就成了最终赢家。

杨 骏 辅 政

武帝在生命的最后几年，对朝政有些倦怠，把权力交给了杨骏。杨骏及其弟杨珧、杨济等三杨权倾朝野，一时得意非凡。

武帝病重后，杨骏有意把武帝和大臣们隔离开，唯他亲侍左右。趁着这个机会，杨骏进行了人事调整，把亲信心腹安插要津。恰逢武帝的情况稍微好转了些，见到杨骏所用的人不对，很严肃地对杨骏说："怎么能这个样子！"当即下诏中书，要汝南王司马亮与杨骏一道辅佐王室。

但此时的杨骏野心、胆子均已不小了，病入膏肓的武帝对他来说，犹如奄奄一息、行将就木的老虎，没有什么可畏的。杨骏从中书省借诏书来看，私自把诏书藏了起来。中书监华廙害怕，找杨骏索要，杨骏拒不交出。

武帝的好转只是回光返照，随即病情加剧，弥留之际，杨皇后奏请武帝，让杨骏辅政。武帝此时精神恍惚，说不出话来，只是点头；皇后于是马上召来中书监华廙、中书令何劭，口宣武帝的旨意，令他们拟诏书：以杨骏为太尉、太子太傅、假节、车骑将军、都督中外诸军事。

诏书写成后，杨皇后当着华、何二人的面，呈给武帝，武帝亲眼看了，没有吭声。武帝的身后事算是定下来了，杨骏就这样合法地把最高权力抓到了自己的手里。

两天后武帝驾崩，杨骏为便于料理丧事，住到了太极殿中。太极殿始建于魏明帝时代，此后一直是朝廷处置重大政务和举办礼仪活动的正殿。武帝的梓宫将要移到太极殿，六宫妃嫔都从内宫出来辞别，杨骏就是不下殿，还以一百名武士来保卫他。在操办丧事的非常时刻，杨骏却做出这样容易引发朝野非议的极不恭的举动，他把自己放在人言啧啧、猜疑四起的境地中了。

永熙元年（290）三月，三十二岁的司马衷即位，立贾南风为皇后，杨芷则升级成了太后，进杨骏为太傅、大都督，总揽朝政。

杨骏为防止有人在皇帝身边说对他不利的话，把外甥段广安排为皇帝近侍，掌管机密；又掺沙子，任张邵为中护军，掌管禁军。

杨骏素知贾南风的厉害，很忌惮她，为免她手长干预政事，对于诏命，在惠帝看过后，直接入呈太后，然后下达，特意绕过贾南风。

这一系列做法，令他广泛树敌：贾南风靠边站，必然愤怒；宗室的权力领地被侵犯，心有不满。杨骏在武帝丧礼时的迹近于不臣的举动，不免使各方忧心忡忡。

杨骏也知道他自己声望不佳，缺乏美誉，怕朝野内外不服气，于是想仿效当初魏明帝即位时大开封赏的故事，以此来收买人心。

左军将军傅祇提了不同意见，说："没有皇帝一驾崩，臣下就开始论功行赏的事情。"紧张不安的杨骏此时也顾不上这种做法是不是合乎体统，立即封官赐爵，给大臣都增位一等，出力参与丧事的增二等，二千石以上的都封关内侯，对百姓则免除赋税一年。

散骑常侍石崇、散骑侍郎何攀共同上奏，认为封赏过滥，杨骏同样不听。杨骏仓促而为的收买人心的政策，并没有达成他想要的、向他靠拢的政治效果，反而加剧了一些大臣的失望。

尚书左丞傅咸建议杨骏在武帝后事处理完毕后，考虑个人的进退，还政于惠帝。屡次劝谏后，杨骏听得耳朵都烦了，想把傅咸驱逐出朝，他的亲信、河南尹李斌规劝，不要因此而失去人望，这才勉强止住。

杨骏做了调配和布置，局面暂时安定下来。不过他执政，严苛，琐细，专断，刚愎。严苛则在他手下不宽松，琐细是分不清轻重，把注意力放在无关紧要的细枝末节上，专断是揽权不放、唯我独尊，刚愎是听不进不同意见、让人靠边站。这大概缘于他的安全感不足，再加上格局、器量不大，总想把权力牢牢控制在个人手上，又不识为政之大体，目光只盯在细枝末节上，紧紧地揪住人。

还有件事，他做得也不合传统，越发令人看出他的不学无术。自汉武帝以来，历代帝王采取年号纪年。年号作为标识时间的方式，不仅满足实际社会生活的需要，自身还带有极强的政治隐喻功能，而且也是权力正统的象征。帝王死后，当年应延用旧年号，第二年才改元。这有经典的依据，孔子编订的《春秋》被汉代儒生认为，微言中蕴含大义、真理；而《春秋》的书写法则之一，是新君逾年才书即位。而这个杨骏，在武帝死后，立即废用武帝的最后一个年号"太熙"，改元"永熙"。杨骏或许是想通过改元的行动来彰显他的权力意志，但令尊重传统的议者认为，此举有违《春秋》大义。

以上这些事一件件地累积起来，便发生了质变，朝廷内外大多对杨骏就更无好感了，形势对杨骏越发不利。许多人看出情况不对：如果杨骏再不改弦易辙，一场激烈的政治风暴恐怕就要降临。

冯翊太守孙楚素与杨骏关系不错，提醒杨骏，要注意到局势可能不妙，因为宗室力量强大，而他又排斥宗室参政，内有猜忌之心，外则大树亲信，灾祸不日就要到来。当然，杨骏是听不进去的。

弘训少府蒯钦，是杨骏姑姑的儿子，多次以直言冒犯杨骏，旁边人都为蒯钦捏一把汗。蒯钦说："杨骏虽然糊涂，但好歹知道不可随便杀无罪的人，最多就是疏远我。我如果被疏远，正好可以避灾免祸。如果不这样的话，就要与他一道灭族了。"

有个叫王彰的匈奴人看得更远。杨骏本想辟用王彰为司马，他逃避不接受。友人埋怨，他说："自古一姓出两个皇后，没有不败亡的。何况杨太傅亲近小人，疏远君子，专权自恣，败亡没多少日子了。我即便躲避得远远的，都怕引祸上身，怎么还会接受他的征辟呢！况且武帝不考虑国家大计，嗣子既不能胜任，受托付的，又用非其人，天下大乱，指日可待。"

　　杨骏尽管独揽大权，但他的政治根基不稳，武帝崩后的局面，他整合不了。他把嗜权的贾南风，虎视眈眈的宗室，还有非其私人圈子的大臣们，统统排除在权力圈之外；不但孤立了自己，还以他的一系列不合时宜的举措，促成了反对他的各方势力的集结和联合。

　　山雨欲来，暗流涌动，形势严峻，变故将生，杨骏不觉有异。谁也没能料到，在深宫之中的贾后，要人没人，要兵没兵，居然铤而走险，敢于主动挑事，联络外臣，孤注一掷，把朝局彻底翻转过来。

贾南风出手

　　贾南风当皇后时，已经三十四岁了。

从泰始八年（272）被立为太子妃，到永熙元年（290）成为皇后，她忍受了将近二十年之久。这二十年来，她经历诸多风波，最严重时差点要被废掉，终究还是熬了过来。她如今是名正言顺的皇后，本可以像操纵丈夫司马衷一样操纵整个朝廷，而杨骏妨碍了她的揽权。杨骏，成了贾南风必须推翻的障碍。

　　但杨骏毕竟掌握着朝政，而且把她限制得死死的，她必须寻找到能够打开局面的突破口。贾南风耐心地观察朝廷的动向，敏锐地搜索一切可以利用的契机。当她听说皇宫宿卫部队中的两个中下级军官孟观、李肇，曾被杨骏无礼对待，因之心怀怨恨，就知道突破口找到了。

　　像孟观、李肇这样的小人物，对杨骏的羞辱，既心有不满，又无可奈何。只要对他们加以煽动，诱之以利，他们必能像鲇鱼一样，迸发出巨大的能量，把局面搅浑。

　　贾南风需要的，就是这样的人。杨骏没有高风亮节，不甘于急流勇退，绝不会主动交出权力。既然不交权力，势必要发动政变来夺权，而要发动政变，有皇宫宿卫部队的配合足矣。政变是搞突然一击，干擒贼先擒王的活儿，取决于相对优势，而非绝对优势，用不着千军万马厮杀，有禁军参与绰绰有余。

　　而孟观、李肇也乐意做这样的事，一是可以雪耻，扬眉吐气；二是如果不干非常之事，他们永无出头翻身的机会。

贾南风身边有个资深太监叫董猛，受其密令，与孟观、李肇接洽。双方一拍即合，约定诛杀杨骏，废黜太后。通过孟、李二人，贾南风不仅掌握了一支精干的、可以依赖的武力，而且还有了与外朝沟通的渠道。她虽然雄心勃勃，通权达变，毕竟人在深宫，难以便利地集结、整合倒杨的力量。孟、李二人，正好可以作为她穿针引线、居中联络的帮手。

　　仅有禁军还不够，贾南风还想得到宗室的支持。首先看中的，自然是汝南王司马亮。汝南王在武帝晚年备受信任，作为宗室的代表人物，却一直被杨骏排挤，他对杨骏当然不满，倒杨无疑也符合他的利益。

　　贾南风遣李肇联系汝南王司马亮，约他共同举兵讨杨，但他说："以杨骏的凶暴，败亡没多少时间了，不足担忧。"好像可以坐等杨骏遭天谴似的。

　　汝南王不置可否，没有爽快答应。这不要紧，他不愿干，有的是人愿干。而且，这也令贾南风看穿了他绝非干非常之事的豪杰。

　　退而求其次，贾南风又选中了都督荆州军事的楚王司马玮。楚王本就是被武帝树为强藩以拱卫王室的，年轻气盛，踌躇满志，正想有所作为，见贾南风伸出橄榄枝，于是欣然接住。

　　此时距武帝驾崩，已过去了十个月，楚王仍以奔丧为名，要求入朝。杨骏平素也颇忌惮楚王的英锐，本就想召他回京，以防他在地方生事，现在见他自请入朝，正中下怀，觉得把楚王放在自己的眼皮子底下，便于监控。

元康元年（291）二月，楚王和都督扬州诸军事的淮南王司马允入朝。楚王这一到，在京诸王均抄近路迎候他。其同母弟、时年十五岁的长沙王司马乂，则独自到武帝陵，号哭着等待。这都是变故将生的显明迹象。

杨济此前屡劝杨骏善待汝南王，拿出与宗室和解、分享权力的诚意，杨骏执意不从，甚至疏远了这个聒噪的弟弟。从杨济的被冷落，可见杨骏和宗室的关系已经到了一触即发的地步。借着楚王的此次入朝奔丧，宗室对杨骏的不满达成了统一；无疑，贾南风也由此得到了宗室的强力支持。看来，贾南风的这招险棋，是下对了。

政变就在这样的氛围中，紧锣密鼓地暗中准备着。三月八日晚，贾南风蓄谋已久的政变发动了。

先是孟观、李肇启奏惠帝，宣称杨骏谋反。紧接着，宫城内外戒严，再派使者奉惠帝的诏书废杨骏。同时做好了周密的布置：派安东公司马繇作为先锋，率四百人讨杨骏；另外，楚王率军屯司马门，淮南国相刘颂则率军守卫殿中。

杨骏安排在惠帝身边的段广，目睹难发，跪在皇帝的脚下，为杨骏辩护："杨骏连儿子都没有，哪有造反的道理！希望陛下仔细考虑。"惠帝没有吱声。他应该也不知道究竟发生了什么事。

杨骏住的是前朝大将军曹爽的府第，这回又遇上了当年曹爽所遇到的突发情况，也同样像曹爽当初那样茫然失计，犹豫不决。当听说宫城内有变，杨骏召集属下商讨。

主簿朱振倒是有见地，立即推断出是贾南风和宦官在背后捣鬼，以针对杨骏；非常时刻，无暇顾及太多，应该先纵火烧宫城南门云龙门，把事情闹大，用来示威，然后以此为借口，从宫城东门万春门，统率太子东宫以及驻扎在宫外的军队，捉拿肇事者，杨骏自己则拥太子入宫。这套组合拳打出来，宫内势必震恐，当会斩杀主谋，如此足以平定动乱，消除祸难。

朱振的对策，与魏齐王芳正始十年（249）高平陵政变时，逃出洛阳城的桓范为曹爽谋划的思路，如出一辙；都主张及时拥翼天子或太子，尽可能地先抓住政治上的合法性，然后征调兵力，反守为攻，震慑政变者，造成其内部分裂，迅速平息事态。

久掌大权的杨骏，在需要当机立断应对重大危机的关口，却露出了怯懦的性格及庸人本色。他觉得云龙门是魏明帝耗费了巨大人力物力建成的，就这样一把火烧掉，怪可惜的。生死攸关、倾宗覆族之际，他舍不得的，竟然是一座造价昂贵的宫门。他的不识大体，分不清轻重，此刻暴露无遗。

在场的明白人，一听到杨骏的话，顿时觉得前景堪忧，走为上策。傅祗当即请与武茂一道入云龙门观察事态，找了个理由，对同僚们说："宫中不可空。"便起身作揖，机灵的人看懂了，也都趁机跟着溜走。

困在宫城内的太后杨芷也没闲着，她搞清楚了，是贾南风在生事，源头在贾南风身上，所以设法把贾南风扣留在自己身边。

这可是个意外情况，贾南风事先可没考虑到还有这一茬。危难之际，自贾南风为太子妃起便一直伴随在身边的乳母徐义，挺身而出，成功地令贾南风脱离杨太后的掌控。

杨芷知道形势危急，但身在禁宫，无计可施，只好令人在丝帛上大书"救太傅者有赏"几个大字，系在箭上，射出宫城外。以这种方式通风报信，实在是不得已之举，死马当作活马医，非但起不了什么作用，随后还给了贾南风以切实的证据来扣帽子。

再说政变的先锋、东安公司马繇。他率领四百名士兵，放火焚烧杨府，又命令弩兵占据阁楼，凭高发箭。杨府的士兵冲杀不出来，如瓮中之鳖，被困在了府里。杨骏逃进马厩，最后被司马繇的士兵搜出来，用戟给刺死了。

同时孟观等人，领贾后的密旨，大肆搜捕杨骏同党，如张劭、李斌、段广等，均被诛夷三族，死者有数千人之多。

大清洗之中，没有什么是非可分，也没有什么道理好讲，无辜者不可避免地会受到意想不到的牵连。少年时代就有国士之称的沛国武茂，素以德行著称于世，他是杨骏的姨弟，被他曾经得罪过的贵戚，利用这个机会来打击报复，诬陷他为逆党，因此惨遭杀害。

杨骏的两个弟弟杨珧、杨济自然是逃不过的。杨珧本来名声还不错，平素塑造谦逊退让的样子，赢得了不少时誉，不过在促成齐王司马攸归藩的事件中，他纠结朋党，出了很大力，这就把舆论对他的好感挥霍殆尽。

杨珧在临刑前还喊冤，叫嚷当初留下过相关文件，藏在石函里，可作为现今免责的证据。贾南风一党视诸杨如仇敌，正想斩草除根，哪愿节外生枝，敦促行刑者立即斩杀，时人对杨珧的结局无不嗟叹。

杨济久在军中，平时慷慨好施，拥戴归心他的士兵有不少。政变发生后，东宫要召见杨济，杨济知道此去前景难测，问裴楷该怎么办。裴楷说："你是太子太傅，理应接诏到东宫。"杨济贴身卫队有四百多人，均是秦中勇士，孔武有力，箭法很准，非常忠心，都愿意拼死卫杨济，但此时杨济已入宫，没有不叹恨的。

贾南风又命李肇焚烧杨骏私藏的文件，她不想武帝给杨骏顾命的手诏被公之于众。用武力解决了杨骏及同党后，贾南风把目标对准了积恨多年的太后杨芷，开始疯狂地报复。

她的报复心虽然重，可实施起来一点也不莽撞。她很擅长玩权力游戏，对付太后，动用的是政治手段。先是命后军将军荀恽把太后押送到永宁宫软禁起来，又故意宽大处理太后的母亲，也就是杨骏之妻庞氏，令庞氏与太后同住。接着，她授意有关部门上奏：太后与杨济共同谋逆，飞箭传书就是确凿的证据，要求朝廷开会讨论处理太后。

自然，她有把握控制会议来贯彻她的意图。群臣经过公议，决定废太后为庶人。贾南风则以皇帝的名义驳回了，毕竟，儿子废掉母亲，在道理上是说不过去的。所以就必须把戏演足，经过舆论充分酝酿和发酵，以表明太后罪不容赦，这样才能堵住悠悠之口。

有关部门再度坚持原议，惠帝这次就准奏了。

事情还没完，贾南风要把折磨太后的过程享受够才甘心。有关部门又认为：杨骏作乱，家属也理应被诛杀。原先之所以原宥庞氏，是为了宽慰太后。如今太后被废为庶人，庞氏不该继续享有特权，必须交付廷尉行刑。

惠帝起初依旧不批准，有关部门又是坚持，就听从了。

庞氏受刑前，已被废为庶人的杨芷，抱着母亲号叫；为救母命，截掉头发，跪下磕头，上表贾后，自称为妾。

但贾南风不予理会。她应该在笑嘻嘻地鉴赏，曾令她无比痛恨的昔日太后，如今这副任由她蹂躏摧残而悲惨欲绝、俯首乞怜的模样。

要杨芷亲眼看到其母受死还不够，最后就轮到她本人了。在被监禁将近一年后，元康二年（292）一月，贾南风故意裁撤杨芷身边仅存的十多名侍御，还不给她饭吃。八天后，杨芷被活活饿死，时年三十四岁，在位十五年。

贾南风素信巫鬼，既然一手导演了这场伤天害理的大戏，怕杨芷下地后，会向先帝诉冤，令自己遭到报应，就派人把杨芷的尸体翻了个面，脸朝下，放进棺材，同时用各种禳灾除邪的符书药物随葬。

至此，贾南风发动的政变，以她的大获全胜而告终。她终于可以名正言顺地干政了。当然，此刻还没到政由己出的地步，还需要经过几轮的厮杀、汰洗，才能最终把权力牢牢地掌握在她自己手上。

汝南王司马亮及之死

在执政不到十个月的杨骏被杀后，朝廷论功行赏，进行了权力的重新分配。政治斗争的实质，就是换人，重新分配权力。

元康元年（291）三月，太宰、汝南王司马亮和元老、太保卫瓘在中枢领衔辅政。汝南王虽然没参与这场政变，但他是先帝属意的重臣，是宗室的代表；卫瓘则资历深厚、深孚众望。用这两人来主持朝政，是贾南风收拾局面、稳定人心之举。

像汝南王，贾南风计划发动政变前找他一起倒杨，他安然不动，坐壁上观，现在乐享其成，不担任何风险就占据了杨骏垮台的最大成果。卫瓘当年不赞同今上当太子，贾充派人告诉贾南风——"卫瓘老奴几乎坏了你家！"言犹在耳，贾南风又岂能忘记！所以这两人辅政，其实并不合贾南风的心意，应该是迫于时局的压力，不得不采取的权宜之计。这也注定了汝南王和卫瓘是两个过渡性人物，至于过渡的方式，那就不平和了。

宗室和贾氏家族的人，是这场政变的受益者。武帝第三子秦王司马柬为大将军，东平王司马楙为抚军大将军，楚王司马玮为卫将军、领北军中候，下邳王司马晃为尚书令，东安公司马繇为尚书左仆射、并晋爵为王。贾后的族兄贾模，族舅郭彰，外甥贾谧，也一并进入了权力核心圈层。

居功甚大的宦官董猛没有落下，被封为武安侯不说，其三个兄弟也鸡犬升天，都捞了个亭侯的爵位。

首先入伙的孟观、李肇，自然没被亏待，冒险参与政变的红利是巨大的：先被任命为黄门侍郎——这是一个通常由士人出任的清要之职，又升迁为禁军的高级将领积弩将军，同时俱受封为郡公。郡公的爵位就相当高了，是公侯伯子男五等封爵中的公爵，相对于他们的出身来说，已经是大造化了；要知道，杜预以平吴的功勋，也只被封为当阳侯。

人虽然换了，朝廷的气象并未随之一新。现在汝南王也处在了杨骏的地位上，其种种举措一如杨骏。为了取悦、收买和拉拢人，汝南王大手笔甩出朝廷的名器，大肆封赏，不嫌其滥，封侯者竟达一千零八十一人，其中多是禁军中的将领。封赏向禁军倾斜，足见禁军在这次政变中的分量，这也意味着禁军对政局有举足轻重的作用。

御史中丞傅咸写信给汝南王，希望能秉公心、走正道，他当然听不进去。大权在握后，汝南王不禁飘飘然起来，提拔姻亲，家里门庭若市——这是往杨骏败亡的老路上走。

这个汝南王，是司马懿的第四子，没立过太多的功勋，没有太大的才具，也没有太大的野心，为人平庸得很，就因为这点才被武帝选中，作为宗室中的代表人物，加以扶植。武帝特命他为宗师来管理宗室，有不遵守礼法的，小事由他来训导管教，大事则随事奏闻。

武帝统治后期，汝南王地位更高，迁太尉，录尚书事，领太子太傅。武帝的初衷是用他来制衡杨骏，但这个想法落空了。说起来也是武帝作茧自缚，本是看中汝南王的平庸，才刻意扶植他的；也正因为平庸，所以在非常时刻，汝南王才瞻前顾后，明哲保身，而不敢行非常之事，捍卫司马氏的政权。

武帝病重期间，杨骏排挤汝南王，令他出镇许昌。还未出都，武帝本来下诏要留住他，想把后事托给他，但杨骏把武帝的诏书扣下了。汝南王怕杨骏猜疑，不敢入宫。

杨骏则欲发兵讨伐，汝南王得知消息后，向廷尉何勖讨主意。何勖说："现在朝廷都归附您，您何不就此讨伐人，反而怕被人讨伐！"也有人劝说汝南王当机立断，率部入宫，废黜杨骏。汝南王一概不听，选择了一条对他来说最安全的路——连夜出奔许昌，逃回自己的地盘。

汝南王在许昌观望朝廷局势。待杨骏被杀，他众望所归，入朝辅政。在他主持之下的朝廷局面，仍不稳定。诸王的野心被快意的屠戮刺激起来了，他们为争夺权力，不断起冲突。

既然一次政变不足以解决问题，那么就会有第二次。紧接着出事的，是由东安公晋爵为东安王的司马繇。

在杀杨骏的那个晚上，司马繇成了整个洛阳城里最有权势的人。他自作威福，诛赏了三百多人，还趁乱铲除私仇。东夷校尉文俶的父亲文钦，为他外祖父诸葛诞所杀，他担心文俶成为舅家的后患，顺便找了个罪名，把文俶给杀了。

很懂得全身之道、一贯与时俯仰的王戎，告诫司马繇："大事既定，最好急流勇退，远离权势。"但司马繇已经品尝到了大权在握的甜头，哪舍得放手，哪听得进去！司马繇不满贾南风，私下策划，准备废黜。可还没来得及实施，就被其亲兄陷害。

司马繇之兄司马澹素来厌恶这个亲弟弟，视之如仇，多次在汝南王面前构陷，汝南王都没点头。等司马繇专行诛赏，司马澹拿这个由头又来说事，汝南王深感威胁，此次听到心里去了，罢免司马繇，降王为公，打回原形；随后又以司马繇发表狂悖的言论，把他流放到位于今天朝鲜中西部的带方郡。司马繇被流放，由权力的巅峰跌落谷底，反而因祸得福，远离了洛阳这个祸乱的中心地带。

因为，血腥的屠杀随后又开启了。

司马繇之后，应该轮到楚王司马玮。不过，先受其害的，却是高高在上的汝南王及卫瓘。

汝南王和卫瓘嫌楚王刚愎好杀，不容易控制，想要褫夺他的兵权，计划用临海侯裴楷取代楚王为掌管禁军的北军中候。楚王愤怒了，他作为铲除杨骏的首功之臣，居然要被夺去军权，当然不乐意。

裴楷听说了情况，知道楚王的厉害，不敢贸然接任。无奈之下，汝南王又提请楚王同诸王一道，各自归国；在廷臣会议上，没人敢响应，唯独卫瓘赞成提议。因此楚王的愤怒更深了，他不甘心失去权力，在长史公孙宏、舍人岐盛的鼓动下，便积极向贾后靠近。

这个公孙宏，少时孤贫，善于鼓琴，颇能属文。也就是有才艺，却无根基。有才艺，难免自命不凡；无根基，自是难以上进。自命不凡而又难以上进，不免有些蠢蠢思动、急不可耐。在楚王得势后，公孙宏狐假虎威，一时间生杀予夺，威风得很，当然不愿看到司马玮失势。

岐盛先前与杨骏关系不错，在杨骏被杀后，有关部门准备追究杨骏的僚属等一班人，朝廷暂时不想扩大打击面，终止了这个提议，岐盛逃过一难。不过卫瓘厌恶岐盛的反复无常，担心此人会生出事端，所以要收捕治罪。岐盛得知后，把自保的希望放在楚王身上，于是和公孙宏一道极力怂恿司马玮。

贾南风和楚王的第一次联合，是贾南风有求于他；这次联合，双方关系颠倒过来，是他有求于贾南风。而且，针对杨骏的政变成功后，贾南风胆子更大，实力更强，她乐于看到楚王对汝南王及卫瓘不满，她嫌弃这两人碍手碍脚、约束她弄权，她要再次借助于胆大心狠的楚王，为她清扫朝廷。

贾南风给予楚王太子太傅的名衔，令他留在了洛阳。楚王知道，汝南王和卫瓘如果不去，他在洛阳是呆不下去的。

在汝南王执政三个月后，政变又一次发动。公孙宏和岐盛合计，通过上次政变中的关键人物之一、已升为积弩将军的李肇，矫称楚王之命，向贾南风谮毁汝南王和卫瓘，说掌握了两人废立的阴谋。

贾南风于是令惠帝作手诏赐楚王，要他宣读、执行诏书：令淮南王司马允、长沙王司马乂、成都王司马颖等三王屯守诸宫门，并罢免汝南王及卫瓘。

楚王当夜收到黄门送来的诏书，准备覆奏，却为黄门所阻："这样的话，事情恐怕要泄露了，这就不是密诏的本意。"

他明白了，这诏书有问题；不过，他也正有意利用这个机会来开展报复；于是召集所属的禁军，为了进一步增强胜算，随后又矫诏，自称都督中外诸军事，调集宫城外的大军，以充实政变的力量，因为汝南王府中的兵力也不少，如果负隅顽抗，仅凭手上原有的军队，不一定有及时取胜的把握。

等部署完毕，楚王派遣公孙宏以及李肇，领兵围住汝南王府，同时委派武帝第十三子、清河王司马遐，率军前去收捕卫瓘。

汝南王的帐下督李龙向汝南王报告有变，请求迎战，但不被允许。不一会儿，楚王的军队登墙呼叫，汝南王大惊："我没有二心，为什么情况到了这个地步！如果有诏书，可以出示来看吗？"

公孙宏自然不答应，敦促士兵继续进攻。长史刘准说："看情况，这必定是奸谋。王府勇士如林，还是可以尽力抵挡的。"汝南王又不听，就这样在不抵抗中被李肇捉住。

已为鱼肉的汝南王感叹："我的忠心可以明示天下。为什么要枉杀无辜？"对方都图穷匕见、直接动用武力来解决他了，他还看不清形势，放弃抵抗。他宁愿束手待毙，也要强调自以为有但别人不当回事的所谓忠心。他到死都没明白，所谓"忠心"不仅不能令他免于被害，简直就是对方敢于加害的条件。

这个时候天气酷热，士兵们叫汝南王坐在车下，旁边的人怜惜这位王公，还为他打扇子。快到中午了，没人敢上前杀他。不得已，楚王悬赏一千匹布激励士兵下手，这下踊跃了，汝南王被乱兵杀死，尸体抛到北门壁下，头发耳鼻全毁，面目全非。一起遇害的，还有世子司马矩。

另一边，卫瓘的左右也怀疑清河王所奉的是伪诏，他们认为像卫瓘这样地位高崇、身份贵重的宰辅大臣，按照礼律，不会以如此方式对待，请求抵挡，并上表朝廷，如果得到确实的回报，即使还是要被杀，也不为迟。卫瓘不听。

当初卫瓘为司空时，帐下督荣晦有罪，被卫瓘斥谴，由此怀恨在心。荣晦后来转到了右军，当夜随从清河王参与收捕工作，自认为时候到了，对卫瓘进行了疯狂的报复。

荣晦清楚卫瓘家人数以及小孙子的名字，在门外扬声大喊，宣诏免卫瓘公位。卫瓘下令打开大门，荣晦上前，到了中门，再次诵读伪诏，亲手收取卫瓘的章绶貂蝉，催促卫瓘出府，然后依次登记卫瓘家口及子孙，均用兵器押解，送到东亭道北关起来。荣晦一时狂兴大发，杀了七十二岁的卫瓘及其子孙，共计九人。

在旁的清河王完全没有制止这场杀戮。清河王长得漂亮，姿容、风度不错，但性格懦弱，分不清是非，喜好和妻妾搅和在一起，不爱和士人交往。面对荣晦公报私仇、灭族大臣的穷凶极恶的行径，他却不干预，所以事后遭到舆论的谴责。

卫瓘之子卫桓当夜在家里，见发生巨变，赶紧从墙洞里钻出去，找嫂子的父亲何邵打探消息，何邵了解事情的底细，但没说实情，卫桓只得折返回家，经过厨房时，撞上了正在吃饭的士兵，所以一同遇害。

卫桓的两个儿子卫璪和卫玠，恰巧在外就医，侥幸躲过了这场灭门之劫。卫玠是魏晋风度的代表性人物，他风神秀异，见到的人称他为"玉人"。王济是他舅舅，这样自傲的人，每见外甥，也不由得自惭形愧，在他看来，卫玠像珠玉一样，其气质给人以明朗开豁的美感。他善于清谈，琅邪王澄同样身负高名，每听到卫玠的玄言，则叹息绝倒。

大开杀戒的荣晦尽管痛快于一时，好像把多年的怨气都出了，但也不会落好下场的。事态平息后，卫瓘已出嫁的女儿向朝廷上书陈冤，要求彻查荣晦，待验尽事情真相，再加以族诛。朝廷也乐得治荣晦擅杀之罪好甩锅，同意了。

事后，司马亮和卫瓘均获得了平反。司马翎的汝南王爵位被恢复，朝廷给予了高规格的葬礼。朝廷又以卫瓘满门无辜受祸，并追念卫瓘伐蜀的功勋，封兰陵郡公。

螳螂捕蝉，黄雀在后

在这种形势下，楚王是不可能笑到最后的，除非他敢于一不做二不休，把事情做彻底。

岐盛是个聪明人。

他本来位卑人轻，但上窜下跳，煽风点火，各处撺掇，行险侥幸，居然闹腾出这么大的一场戏。形势已然如此，按不下暂停键了，于是游说楚王：趁着兵势，干脆再博一把，除掉贾模、郭彰，匡正王室，安定天下。

所谓匡正王室、安定天下云云，当然是个托辞。岐盛心里清楚：事情都到这个份上了，和贾后的正面冲突已不可免，只能一鼓作气，把贾氏党羽清理干净，完全由自己掌握权力。——权力斗争，只能有一个赢家。因为在楚王派兵收捕司马亮、卫瓘的同时，有诏使贾模率领一支三百人的军队前往支援，显然岐盛看出来了，这是贾后在借楚王之手铲除汝南王、卫瓘，同时又安排后手来收拾楚王。

留给楚王考虑的时间并不多。但他一如杨骏、汝南王当时的情形，犹豫未决，迟迟下不了最后的决心。

漫长的夜终于过去，到天明，血腥的杀戮结束，又到了该善后的时候。太子少傅张华了解事情的关键在贾后，通过宦官董猛，向贾后进言："楚王已杀了太宰、太保二公，那么天下的威权全归他了，人主何以自安呢？可以用楚王擅杀的罪名诛灭他。"贾后正想着怎么来除掉楚王，对张华的意见深以为然。

由于宫外军队介入了政变，内外扰乱，人情汹汹，不知怎么回事。张华取得了贾后的默契，又向惠帝献上一策："楚王司马玮假冒皇帝的名义，擅杀二公，将士们在仓促之际，都以为是国家的意图，所以才听从的。现在可以用驺虞幡来使宫城外军队解严，他们见幡自当风靡景从。"

驺虞幡，是绣有传说中仁兽驺虞图像的旗帜，两晋时朝廷用该旗帜来宣命解兵，见到驺虞幡的士兵则慑伏不敢动 ❶。

惠帝派遣殿中将军王宫带驺虞幡传令军队："楚王假传君命，大家不要听他的。"一见驺虞幡传达的王命，士兵们都放下了武器，一哄而散。楚王左右一个人不剩。

未传令前，如云的甲胄听候楚王驱使，有这股力量在手，似乎什么事都能做得成；一面旗帜过来，便如风卷残云般，庞大的人马瞬间消失得干干净净，什么也没有了。这一切变得太快，太过于戏剧化，楚王甚至都没有缓过神来，呆在那里，窘迫不已。

只有一个十四岁的奴仆，驾着牛车，要把楚王送到秦王司马柬处。半路上惠帝又遣使者令楚王还营，后下廷尉。随后，以楚王矫诏杀害汝南王、卫瓘二公父子，又想诛灭朝臣、图谋不轨为理由斩首，时年二十一岁。

---

❶ 见〔清〕赵翼著：《廿二史札记》中"驺虞幡"的描述，上海古籍出版社2011 年版。

楚王临死前，从怀中掏出贾南风送来的惠帝手诏，流着眼泪，给监刑的尚书刘颂看："我是奉诏行事，说是为社稷，现今变为罪了。我是先帝之子，被这样冤枉，望你能为我申明。"刘颂也垂头哽咽，不能仰视。

怂恿楚王发难的公孙宏、岐盛也被夷三族。当初岐盛为了自保，躲过卫瓘的治罪，挑动楚王起事，却被贾南风利用，成了贾南风逐次铲除政敌的利器。所有被牵连在这事的人都丢了性命不说，还累及各自家族。

汝南王、楚王等，他们自居螳螂，把对手当成蝉，殊不知还有黄雀隐身在内宫里，注视着他们的相互捕杀。贾南风只付出了一件惠帝的手诏，就换来了政权。一年内，两场政变，数千条人命，铸就了贾南风王朝实际控制者的角色。她好像连宫门都没怎么出，身边也只有一个传命的太监董猛，却以无形之手，操纵着这个斗地主式的权力牌局，看着对手们一个个输得精光，身败离场，而她则笑到了最后。

武帝生前的人事布局在他死后的不到一年中便完全破产。大概令武帝始料不及的，居然是被这个本该废、也打算废但终究未能废去太子妃之位的贾南风，一手打破了他的布局，那些大权在握的外戚、宗王，论玩弄权力游戏的心机和技巧，都远远赶不上这个女人。

更令武帝料不到的是，这个女人不但懂得夺权，还懂得治国。在她的治下，国家此后维持着将近十年的安宁和平静，政治还像个样子，局面并未因这两场血腥的政变而一溃千里。虽然问题不少，但相对于后来的几无宁日的动乱，这样的安宁和平静，还是难能可贵的。

五 贾与马 共天下

东晋开国后，有次在正月初一的朝会上，元帝司马睿拉着丞相王导的手，要同升御座。这个罕见的优待、宠礼，把素来镇定、从容的王导也惊吓到了，他谦卑地表示："使太阳和万物一起发光，臣下又怎么能瞻仰太阳呢！"王导不升御座，是他的谦逊、退让，但时人都看出来了，这个动作太有象征性了，说明东晋之天下，已非司马氏所专有，实际格局是"王与马、共天下"。

在此之前，另有一姓，也到了与司马共天下的地步，这就是贾氏。贾南风把妨碍她独揽大权的杨骏、汝南王及楚王等一一除掉，成功地坐到了惠帝的后面，通过指挥懦弱、愚笨的丈夫来操控朝政、号令天下。

贾南风一人专权，贾氏一门得势。但贾南风绝非骄狂任性之人，重用贾氏宗亲是必然之举，而她也懂得要选配人才搭好班子，并给予充分的信任，这样才能把局面稳定住。

张华及裴颁等上位

贾南风揽权后，张华就上位了。其实，无论资历还是功勋、才干，早就应该轮到张华来辅政。

张华，字茂先，范阳人。他的父亲张平，在曹魏时做过渔阳太守，不过到张华时，家道已经沦落。张华少时孤贫，还牧过羊，这说明张家非大族，根基不厚，上升的势头随着张平的亡故便遽然中止。不过，张华毕竟是出身于两千石之家的子弟，书读得好，极为博学，连谶纬方技之类的书也没不详细阅览的。后世就流传有关于他博学的传奇故事。

他有本叫《博物志》的著作，从名字就可以看出，讲的是各种稀奇古怪、不着边际的事，据说该书原本有四百卷之多，称得上卷帙浩繁，这也说明了张华腹笥之宽、知识之渊博，还有兴趣之广泛。

张华为人也漂亮，对自己要求严格，造次必合于礼，对人则厚道、诚笃，肯周急，敢赴义。所以张华如鹤立鸡群，声名鹊起，引起了同乡大人物们的欣赏。范阳名族卢氏中的卢钦器重张华不说，自魏文帝起直至齐王芳三代皇帝在位期间都参与中枢机密、久任中书监的刘放，也看好张华的非凡才器，还把女儿嫁给了他。

尚未发迹时的张华，写过一篇《鹪鹩赋》，表达自己的人生哲学，令当时名士之领袖阮籍也相当重视，盛赞张华有辅佐帝王的才华，堪为王者之佐。

曹魏末年，年轻的张华进入了王朝中心洛阳，经卢钦推介于司马昭，从事机要文书起草等方面的事务。许多重大的公文，都出自他的手笔。由于表现出色，深受司马昭的信任。西晋建立后，拜黄门侍郎，封关内侯，因为职掌机要，接近皇帝，升迁自快，不几年，张华便拜中书令，在仕途上达到了他岳父刘放曾经的高度。

当初武帝和羊祜秘密谋议伐吴，以贾充为首的朝臣多不赞成这个计划，在朝中张华则是武帝为数不多但最为坚定和重要的支持者。等伐吴之战全面铺开，武帝又命张华为度支尚书，在中央统筹调度漕运，为伐吴做后勤保障。初期战事不顺，在贾充领头下的反战派趁机要求罢兵，唯独张华据理力争，坚持推进，很有把握地表示能把孙吴拿下来。伐吴大获全胜后，武帝下诏褒奖行赏，尤其肯定了张华和已故的羊祜在伐吴的决策及实施进程中的重大贡献。

张华名重一时，人们都敬服不已。晋朝的历史、典章、制度及仪礼等文化方面的建设工作，多由他来主持，朝廷诏诰，也由他来拟定。于是乎其声望日渐隆盛，慢慢在舆论中形成了应为宰相的普遍期望。

然而，风头正健的张华遭遇了一个强有力的政敌，就是出于颍川荀氏的荀勖。荀氏自东汉末荀淑以来，便名震天下。荀淑共有八个儿子，时称"八龙"，其中第六子荀爽，在董卓专政时，于九十三天内，以一介布衣超擢至三公；荀淑之孙荀彧，是曹操最为倚重的助手。颍川荀氏代有人才，皆登高位，是在魏晋间形成的最为显赫的高门。

荀勖是荀爽的曾孙，天资卓越，年十岁就能撰写文章。由于父亲早逝，他自幼寄托于舅父家，从外祖父太傅钟繇很看好他，夸这个孩子日后能赶得上曾祖荀爽。荀勖入仕，起步于曹爽的大将军掾，随后则紧跟司马氏，为其腹心，从舅钟会的谋反也没影响到司马昭对他的信任。晋朝新建，他被封为济北郡公，拜中书监，与贾充共定律令，是贾充的死党。

荀勖把张华视为必须排斥的对手，似乎很难忍受张华在中枢与他比肩抗礼，总找机会排挤。这其中可能有妒忌的成分：荀勖非常在意他在中书省的职位，后来他调任尚书令，怅惘久之，众人来道贺，他说："夺了我的凤凰池，诸君来祝贺我什么！"而张华任中书令，是中书省的首长；他和张华，俱以才学见称，这又构成了一个较劲的点。尤令荀勖愤然的，是张华比他卑微得多的出身，他无法忍受他的光芒被非高族出身的张华所掩盖。

在齐王司马攸归藩的风波中，张华应对忤旨。君心一旦动摇，随后的离间之言就容易进行了，工于宦术的荀勖没有浪费天赐的良机，和张华又一政敌冯紞，联手排挤张华，自此张华从权力中心逐渐淡出。

先是出朝都督幽州，负责王朝东北边疆的事务，张华抚驭胡族得当，安定边境，很有政绩。朝议将征张华入朝为相，冯紞在与武帝谈论魏晋间历史的关口，不失时机地把张华比拟为钟会，逗引武帝的猜疑心，成功打消了欲大用张华的念头。结果张华回朝后，只担任了个闲散的太常卿，之后又因太庙屋栋断折，连太常卿也被免了，到武帝后期，更是身无一职，仅以列侯的身份参加朝见，彻底失势。

惠帝即位后，张华的境遇稍有转机，开始了触底反弹，被任命为太子少傅。这虽是个虚衔，却意味着张华东山再起。不过，杨骏疑忌张华以及王戎、裴楷、和峤等一班德高望重、资历深厚的大臣，他们都被杨骏排斥在朝政之外。

杨骏死后，在讨论处理太后杨芷的朝廷会议上，群臣大多揣摩风向，迎合贾南风的意旨，主张废黜太后；张华的观点则有些偏离贾南风的意图，建言保留杨芷武皇后的名号，降低待遇。这个建议当然没被采纳。

在楚王攻杀汝南王的政变中，张华看清了形势，迅速调整策略，积极向贾南风靠拢，建议贾南风诛杀楚王司马玮；并向惠帝献计，动用驺虞幡来解散司马玮的军队。

事态平息后，朝廷要恢复正常秩序，贾南风论功行赏，调整人事。她肯定了张华的整体表现，认为首谋有功，拜右光禄大夫、开府仪同三司、侍中、中书监。张华仅推辞了开府，经过几年的沉浮，如今总算回到了权力核心圈。他不再是小小的鹪鹩，而是真正翱翔九天的鲲鹏。

贾南风之所以授政于张华，一是张华在此次事件中的态度、立场令她非常满意；二是张华儒雅，又有韬略，身具大臣的风度，且在中央、地方历练多年，所在皆留下了较为可观的政绩，在朝廷经过两次政变的暴力洗刷而元气大伤之际，也急需张华这样形象正面的人物出来点缀，维系朝廷的体统。

更为关键的一点是：张华乃庶族出身，人孤势薄，根基不牢，在朝廷中没有盘根错节的关系，没有丰满的羽翼。所以，重用张华，既对她构成不了实质的威胁，又可以树立她尊敬贤明的政治形象。

基于以上理由，贾南风对张华表示了充分的尊重。这也说明：贾南风尽管凶悍、嗜权，但不昏聩、糊涂。她需要血腥的暴力为自己掌权开辟道路，也有足够的识见和魄力来重整局面。

相比于武帝，贾南风给予了张华更大的权力、更多的信任，不过张华对待贾南风，态度微妙。一方面，他是主动示好、靠近贾南风，才得以上位的；另一方面，他并不依附贾南风，他对贾氏权势的扩张又有所不安。他不敢公开裁抑，只好发挥他的文史专长，作《女史箴》之类的文字来婉转地规劝贾南风。

但是像贾南风这样的人，又岂是历史的所谓教训所能劝得住的！这就是张华的一厢情愿了，也是他的天真。他的这种心态，为十年后更大的风暴来临时他的悲惨结局埋下了伏笔。

与张华配合、共同辅政的，还有出身于河东裴氏的裴颜及琅玡王氏的王戎。裴頠、王戎均是一时之名士。裴頠是西晋开国功臣之一裴秀之子，亦为贾氏姻亲，贾充乃裴頠的从母父。在当时流行于名士圈的玄学清谈上，裴頠极有造诣，是玄学内部与"贵无"针锋相对的"贵有"一派的代表人物。其清谈则以言辞丰博而著称，大致可以想象他思维的细密、严整，言语的浩瀚、广博。时人称裴頠是言谈之"林薮"。贾南风欲大用张华，事先征求过裴頠的意见，得到了裴頠的大力赞同。

王戎则是老牌名士了，在曹魏时代便加入了以嵇康、阮籍为主的竹林名士圈，他比阮籍小二十岁，两人彼此投合，丝毫没有年龄的距离感。进入嵇康、阮籍的名士圈，使王戎成为最耀眼的名士。

王戎也善于清谈，不过非夸夸其谈之辈，目光如炬，头脑清晰，对政治认识极深切，当初钟会伐蜀前来作别，内心有所忐忑，询问王戎的看法，王戎引老子"为而不恃"的教训，提醒钟会成功不难，难在保成。此可谓一语中的。

后来王戎参与伐吴之战，因军功被封为安丰侯。王戎年轻时对钱财不在意，其父王浑官至凉州刺史，去世后故吏们怀念他的德惠，送上礼金数百万，王戎一概不收；到后来官越做越大，谋利的念头也越来越强烈，性子也变得越来越吝啬，论房产、仆役、良田和水碓，整个洛阳城的权贵，罕能与他相比。由于家里券契账簿太多，成天和妻子在灯下摆开筹码算计，大概是以盘算家产数钱为乐。

何以有如此巨大的转变呢？其实王戎之类的名士，并不刻意树立清廉的道德形象，不积极追求道德的境界；他们与时俯仰，而不在意操行。像王戎，还有个特点，就是不拒绝上升，却又随时抱着退避的打算，绝不会在一个方向上坚持走到底——这种圆滑的处世方式，显然是贾南风所喜的了。而且，王戎还是裴頠的岳父，算得上是贾南风的自家人。

此外，参与朝政的，当然少不了正儿八经的贾氏家族中的人：一个是贾充的从子贾模，他博览书籍，深沉多智，在贾充生前便深受信爱，每每有事，贾充找他来筹划。贾后揽权，委用亲党，贾模为侍中。还有一个是郭彰，贾后的从舅，贾后之母郭槐把郭彰当成亲兄弟。有这么亲密的关系在，郭彰自然权势熏天。

这两人在杨骏倒台、汝南王掌权时，都进入了中枢，到如今则地位更高了。不过贾氏中，最耀眼的人物，当属贾谧。

有张华、王戎、裴頠、贾模等贾南风信得过的人来主政，武帝死后乱糟糟的朝局，逐渐有所改观。在这段波澜不惊的时期内，曾经的杀戮烟消云散，海内晏然。

"洛中何郁郁，冠带自相索。"从外地进入洛阳的才子，名门的俊秀，以及想出人头地、建立事业的功名之士，在国家承平的岁月里，都如葵藿倾太阳般向光芒四射的贾谧靠拢。他们簇拥着贾谧，过着诗酒风流、富贵清闲的日子。

贾谧及其二十四友

韩谧成了贾谧后，境遇就非同一般了；自恃骄宠，作威作福，是免不了的。他的权势超过了人主，任性到锁系黄门侍郎的地步。黄门侍郎是皇帝的近侍，可以出入禁中，身份特殊，贾谧却随意羞辱之。富是随着贵而来的，贾谧生活上的奢侈，也是应有之义，其享受程度，超过了制度规定。

权贵门下，从来不缺趋炎附势者。贾谧作为冉冉升起、炙手可热的朝廷新贵，就是新的权力热点。在他周围，迅速聚拢了一批脾性相投者，其中最著名的，号称"二十四友"。

他们分别是渤海石崇、欧阳建，荥阳潘岳，吴郡陆机、陆云，兰陵缪征，京兆杜斌、挚虞，琅玡诸葛诠，弘农王粹，襄城杜育，南阳邹捷，齐国左思，清河崔基，沛国刘瑰，汝南和育、周恢，安平牵秀，颍川陈眕，太原郭彰，高阳许猛，彭城刘讷，中山刘舆、刘琨。

石崇是开国功臣乐陵郡公石苞六个儿子中最小的一个，是个阔气、豪爽的人物，在武帝时与贵戚王恺、羊琇等竞相奢靡，比阔斗富，石崇的大手笔令对方恍然自失。

欧阳建，字坚石，是石崇的外甥，欧阳氏乃冀方大族，欧阳坚在玄学上有造诣，才藻也很可观，时人称他"渤海赫赫，欧阳坚石"。

潘岳是当时第一流的文人，祖父潘瑾做过安平太守，父亲潘芘做过琅玡内史；少以才华见称，乡里号为奇童，把他归为汉代终军、贾谊一类人。

陆机、陆云两兄弟则出自江东四大家族之一的吴郡陆氏，他们的祖、父陆逊、陆抗名满天下，两人在孙吴灭后十年入洛为官，受到张华的重视。张华以夸张的口吻说，伐吴的最大收获就是获得陆氏兄弟。

缪征，是历事曹氏四代、官至光禄勋的缪袭之孙。

杜斌是名臣杜预的从兄，亦有才望。

挚虞是魏国太仆卿挚模之子，著有《文章流别论》。

诸葛诠，出于琅玡诸葛氏，尉卿诸葛冲之子，妹妹诸葛婉于泰始九年（273）入宫为武帝夫人。

王粹，是以楼船下益州而收金陵王气的伐吴功臣王濬之孙。

杜育出身名门，曾祖杜根，在东汉安帝、顺帝时以直著称，名倾一时；祖父杜袭，在曹魏时出任大将军曹真以及司马懿的军师，受封乡侯。杜育，从小号为神童，年长后，容仪俊美，又有文才，人称"杜圣"。

邹捷，祖父是魏左将军邹轨，父亲是渤海太守邹湛；邹湛少以才学知名，深为羊祜所重。

左思是齐国人，出身寒门，而以文学见长，他花费十年心血写成《三都赋》，经名人皇甫谧的揄扬，使洛阳为之纸贵。妹妹左芬入宫，为贵嫔。武帝欣赏左芬的辞藻，每得到奇珍异宝，必令左芬作文以纪之。

崔基，出于清河崔氏，曾与潘岳同为杨骏的僚属；杨骏被杀后，受杨骏舍人阎缵的请求安葬杨骏，崔基和潘岳畏罪，不敢出头，推阎缵为主。墓修成后，当下葬，有人告发，准备杀掉主谋，崔基等人害怕了，把墓填平逃走。

和郁，是名臣和峤之弟，名气素来不大，还被和峤轻辱。和峤在武帝时多次提到太子司马衷才不堪位，贾南风记恨在心。惠帝即位，贾后指使惠帝当面质问和峤："你当初说我管不好国家，今日怎么样了。"和峤说："过去对先帝，我是说过这话。我的话验证无效，是国家的福气。"和峤仰慕舅舅夏侯玄的为人，深自标持。相对其兄的方正而言，和郁可就苟且得多，在其后政局的一连串变动中，他作为胜利者的政治道具，几乎从未缺席每一场象征权力更迭的仪式。

周恢，出于汝南周氏，安东将军周浚之从兄弟。武帝曾问周浚："你们宗族的年轻辈中，有哪些可以的？"周浚就特别提起了周恢。

牵秀，祖父是曹魏雁门太守牵招，博辩有文才，有豪侠的性格，弱冠便得美名，受到太保卫瓘的赏识。

陈眕是陈准之子，陈准在元康五年（295）任中书令。不过，颍川陈氏自甘露五年（260）陈泰在高贵乡公遇弑一事中反应不遂司马昭之心，家族的运势便开始衰退。

许孟是曹魏中领军许允之子。许允在齐王芳嘉平四年

（252），被牵连进一起废黜司马师的未遂政变中，两年后在流放途中死去。司马师对许允的儿子不放心，怕太过杰出而成祸患，委派钟会专门考察许氏兄弟，得知两人才具并不十分俊秀，所以就放过了。

刘讷，曹魏时任过洛阳令的刘劭之子，是位很有名的人物鉴赏专家。譬如他评价周恢，是"巧于用短"；评价杜育，是"拙于用长"。

刘舆、刘琨两兄弟，祖父刘迈，为散骑常侍；父亲刘蕃，位至光禄大夫。刘琨年轻时被认为很俊朗，与范阳祖逖，都以雄豪著名。这对兄弟有个特点，很擅长结交地位高于他们的名流权贵，很能赢得别人的好感。凭着这样的本事，他们在洛阳如鱼得水，他们游刃有余地行走于各个派系，其政治前途几乎不受阻于派系的冲突、倒台。

这二十四个人，年龄不一，大的如左思、许猛，都已四五十了，年轻的如刘琨，才二十出头。有的人论门第很高，如陆机、陆云，论身份则是亡国之余。总的来看，二十四友中大半人并非出身于还处在第一流的家族，他们在政界有家族积存的一定的人脉基础，而又不足以支持他们迈向更高的一层，靠近贾谧，对他们来说，无疑是能令他们持续上升的契机。

有些人在做法上更加直接、激进，也不顾风评，毫不修饰逢迎、谄媚的姿态。如潘岳，每候贾谧外出，望尘而拜。金代的大文豪元好问就很难想象："高情千古闲居赋，争信安仁拜路尘。"一个志在风雅、情怀高洁的人，居然在现实中把自己弄得这么卑污。

其实这也不怪潘岳，他才名盖世，人又自负，而在官场中被压抑了十多年，郁郁不得志，自然想走近路，于是拜在贾谧门下。贾谧倒也欣赏和重视潘岳，许多令贾谧出风头的事，背后都有潘岳在操刀。潘母颇识大体，多次讥讽："你也该知足了，要侥幸图利不止么！"不过潘岳功名心太热，对母亲的告诫置若罔闻。

就贾谧来说，与这些才子文士交往，一则满足赏玩文艺的精神需要。一个有良好文化修养的权贵，当然不至于把兴趣全集于酒池肉林般的粗鄙享受中，要有高雅的活动来衬托和修饰他无与伦比的富贵。二则可以博取美誉，自我标榜，扩大社会影响力，乃至于建立属于他自己的人才班底，为更大的政治前景造势、蓄力。

而贾谧也确实有点想入非非，情不自禁地逾越了必要的界限。他太骄纵了，连太子司马遹都不放在眼里，全然没有人臣表面上应该做出来的恭谨。

他依仗着与贾后的特殊关系，屡屡自由出入皇宫及东宫；在和太子同游相处时，也不肯委屈自己而放下贵公子的派头。有次下棋，与太子公然争执，成都王司马颖在旁，很严肃地说："皇太子，是国家的储君，贾谧哪得无礼！"贾谧害怕了，通过贾后，把司马颖外放为平北将军，镇守邺城。

贾南风的放荡生活

执掌大权后的贾南风，也没有亏待自己。

像贾南风这样的女人，没有任何道德上的负担，礼不是为她这类人所设计的。近在咫尺的太医令程据等，成了贾南风的入幕之宾，他们的秽乱也不避人。但她还嫌不够，她做不到像武帝那样从天下征召海选，至少可以把触角伸到洛阳城内。

有个流传很广的故事，很能见贾南风的为人。

洛阳城南盗尉部，即负责缉拿盗贼的部门，有名小吏，是个翩翩美少年，平时也只是做点打杂的工作，收入并不丰厚。有天，他突然穿上了他本来没有资格和条件穿的衣服，这引起了同事们的好奇，大家以缉捕盗贼为工作，太熟悉不法之徒的勾当了，因此怀疑这身华丽、气派的衣服，是他偷来的。

武帝太康年间，建安七子之一王粲的从孙王宏为司隶校尉，对于所辖地区的士庶的着装出行的规格检查很严厉，禁止平民穿紫绛及绮绣。当时武帝也经常派身边人在洛阳城内微服私行，观察风俗。王宏迎合上意，变本加厉，甚至连女人的内衣都要查检，闹出不少不成体统的事。所以，身着与身份不合的服装，在京都地面，是个非常严肃的问题。这名小吏过于招摇了，无怪乎他的同僚怀疑。

部门负责人认为他有重大嫌疑，就来查办他。贾南风有个远房亲戚知道了这事，也过来旁听问案。

小吏没办法，只好吐露实情，讲出了他的一次离奇的艳遇：前些时在街上偶遇一个老妇人，对方声称家中有人生病，听了师巫的意见，特意来城南找个少年前去驱邪，所以暂时烦请，事成必有重谢。他就抱着好奇的心态，答应了。他跟着老妇人，上了辆车，帷幄落下，后来又被装进一个大箱子。走了大约十多里路，好像过了不少门槛，然后箱子才打开，出来后忽然见到一座华丽的屋子，问这是什么地方，旁边美貌的婢女掩口而笑，戏言乃是天上。当即用香汤洗浴，换上了华服。最后见到了一个妇人，三十五六岁的样子，身材短小，皮肤青黑，眉毛上有颗痣。他被留了好几个晚上，夜夜与该妇人缠绵，临出来时，获赠了包括这身衣服在内的众多物件。

贾南风的那位参与旁听的亲戚一听小吏所描述的情状，就知道这妇人的真实身份了，讪笑而去。盗尉部的负责人也见多识广，明白这小吏所言非虚。当时不少人入宫后就人间蒸发了，唯有这个年轻人，大概受到贾南风特别的垂怜，得以保全性命，活着出了皇宫。

贾南风的残忍、暴虐确实不虚，但也不是人性丧尽。对待那个有过几晚鱼水之欢的俊俏的年轻人，她偶然动了善念，放过了他。放他之前，贾南风肯定知道这事是掩藏不住的，迟早要泄露出去，影响她在民间的声誉，但她没有顾忌这些。

贾南风的乳母徐义，养育过她以及贾午。后又随她入宫，从太子妃到皇后，一直陪在她身边，应是她人生中最亲近的人❶。

在宫廷这个看似庄重崇高、富丽堂皇的场所，隐藏着不知多少污垢和阴谋，贾南风在宫廷的地位并非稳如磐石，风险既有来自于太子的，也有来自于她自身的。无论哪一种，她的不安全感应该非常强烈。而在深宫中，唯一能给她情感抚慰的，恐怕就只有这位自幼便养育她的乳母了。更何况，在发起针对杨骏的政变时，贾后南风未完全控制皇宫，她差点被太后杨芷扣押，如果不是精明能干的徐义在千钧一发之际，设法使她脱离了杨芷的掌握，她和杨骏，究竟鹿死谁手，还真说不定。

所以，无论从哪个方面讲，贾南风对这个乳母，情深意重。据说，没有徐义在身边，她话没人说，睡不好，吃不下，游玩不开心，音乐也没心思听。

元康七年（297），七十七岁的徐义重病，贾南风很舍不得地令她出宫回家休养，次年徐义去世。在徐义居家养病的大半年时间内，贾南风、惠帝早晚都派人来问讯，还遣太医程据等为她治疗，供给御药、饮食等，凡贾南风所享用的珍奇异物，也都与徐义分享。徐义去世后，贾南风追怀不已，放声号哭，悲痛欲绝。她对徐义，是有真感情的。

---

❶ 关于徐义的材料，引自〔日〕福原启郎著、陆帅译：《晋武帝司马炎》第六章"惠帝（上）"，江苏人民出版社 2020 年版。

贾南风有两个女儿，一个名叫宣华，一个叫女彦。女彦早慧，八岁便能诗文，但不幸，身体很差，命不久矣，贾后非常悲恸，想封她为长公主。女彦的观点却很正统，说："我年纪小，还未成人，不能用公主之礼。"女彦死后，贾南风遵照她的遗愿，赐谥为哀献皇女。

贾南风暴虐，既是她的天性使然，也是她在凶险的权力游戏中的自保之道，她要摆脱被操纵的棋子的命运，就只能用比对手更凌厉的手段。她在掌权后私生活的毫无顾忌的放荡，或许于她而言，只不过是应得的享受，以及对她悲辛命运的补偿。而她在徐义身上，才得到了冰冷世界中仅有的温暖。

仅有的温暖也随着徐义的离世而消逝。如果不能把权力牢牢控制在手上，她用不义的方式所获得的一切，均有失去的可能。因为她没有亲生儿子，而太子司马遹又日渐长大，朝廷中或明或暗地寄望于太子的人有很多；她和太子之间的缓冲地带在快速缩小，矛盾的爆发难以逆转了。

贾南风把矛头对准了太子。

处心积虑对付太子

惠帝即位后的第四个月，即永熙元年（290）八月，就立司马遹为太子，并为司马遹配备了当时最负声望的大臣为师、傅。何曾之子何劭为太师，王戎为太傅，杨济为太保，裴楷为少师，张华为少傅，和峤为少保。

司马遹得以立为太子，发生在杨骏执政期间。这么快就立太子（惠帝是在武帝登基的第三年被立的），确立名分，全然无视贾南风有生嫡子的可能，应该是杨骏制约贾南风的计划之一部分。

不过杨骏的做法也合理，因为司马遹本就被武帝作为太孙来培养。但司马遹不一定合贾南风的意，不过此时太子年纪尚幼，而贾南风的当务之急是除掉杨骏，收权于己，她和太子之间的矛盾离全面爆发的时日还早。

元康元年（291），十三岁的太子出就东宫。

没有约束之后的太子，一改从前的作风，变得贪玩，任性瞎胡闹的事有很多。而且，更为关键的，是随着他年岁的增长，接位的事不再遥远，而贾南风掌权已久，嗜权之心又重，两人的正面碰撞越来越不可避免了。

太子东宫中不少明达的僚属都觉察到了这种危险，尽力规劝太子收敛、节制、恭谨、退让以及尽量保持忍耐，不要留下可被人大做文章的口实。

太子洗马江统，在东宫时间长，很被太子尊重。对于太子朝觐有缺，在生活上奢侈过度，以及其他种种不合时宜的情况，上书力谏，不过太子没听进去。

中舍人杜锡系名臣杜预之子，也替太子担心，每每尽忠规劝太子修德进善、把自己管好，不要留下可供人借题发挥的劣迹。言辞十分恳切，但忠言逆耳，太子都听腻烦了，想出了一个整人的妙招，派人把针安放在杜锡常坐的毡子上，杜锡不知，一坐下去，被针刺出血来。事后，太子还得意洋洋，故意讥讽杜锡。

太子性格刚烈，尽管知道贾谧背后有贾南风在撑腰，也不愿稍稍假以颜色。贾谧则肆无忌惮，把东宫当成了他自家的宅子，或者住卜来，或者在后庭游戏，尽凭己意，想怎样就怎样。

詹事裴权则劝太子："贾谧被皇后宠爱，如果暂时不顺着他，一旦交恶，大势就去了。最好是自己低调、退让，以防止变故发生，广招贤才，用来辅佐。"太子还是不能听从。

执政大臣裴頠，也反感贾南风乱政，很在意太子的安危，为此做了不少巩固太子地位的工作：一是请求朝廷增崇太子生母谢淑妃的位号，提升其地位；二是利用自己和贾南风母亲郭槐的亲戚关系，积极疏通、游说，通过郭槐给贾南风施加压力，要求善待太子；三是增加东宫的军事力量，使东宫宿卫的总兵力达到万人。太子也深知武力的重要性，所以平时厚待东宫士兵，这支武装对太子很忠心。

当然，太子对于围绕着他的威胁，不是没有切身的感受，不是坐以待废，也主动出击，采取化解措施。

太子看到郭槐是个可以争取的对象，平时致敬不消说；在郭槐病重期间，经常前往探视，表现出恭敬温顺的样子，十分尽礼。令郭槐很受用。

郭槐以贾南风没有儿子，经常劝她搞好同太子的关系；对屡屡无礼于太子的贾谧，也总是以祖母的身份深切责问。终于，郭槐想到了一个两全其美的方法，来化解彼此的心结，弥合双方的关系，拟把韩寿的女儿嫁给太子，这就合两家为一家了。而太子，也愿意通过联姻韩寿来向贾南风示好，巩固自己的地位。

但是贾南风以及贾午都不愿意缔结这门婚事。她们安排的太子妃是王衍的小女儿惠风，太子听说王衍的长女更美，却被贾南风选聘为贾谧之妻。对太子来说，这可是双重的羞辱，因此怨气很重。

郭槐临终前，拉着贾南风的手，要她对太子尽心，言语诚恳；又告诫她，赵粲和贾午两人将来必定要坏事。

赵粲是武帝第一位皇后杨艳舅舅的女儿，杨艳为报舅家的养育之恩，把赵粲引入内宫为充华。贾南风因凶暴激怒了武帝，武帝考虑废黜她的太子妃，赵粲曾经出面说过情。本来赵粲应该属于杨氏一党，在杨骏被杀后，不可能没事；但她居然与贾南风关系更加亲近，又被郭槐点名必须加以防范，看来贾南风在赵粲身上花了不少功夫，成功地争取到了她，也有可能是赵粲看到贾南风更有获胜的潜质，所以不惜改换门庭。总之，赵粲成为贾南风在宫中的亲信。

贾南风没听从母亲的意见，反而更加起劲与赵粲、贾午合谋对付太子。因为贾谧的话，才真正打动了她。贾谧说："太子积蓄了很多私财，收买人心，手底下有批能为他去死的人，这样做就是为了针对贾氏。如果日后太子继承大位，依照杨骏的故事，杀了我们，把皇后废掉，幽禁于金墉城，易如反掌。不如及早图谋，换立一个慈爱顺从的为太子，就安全了。"

杨骏的前车之鉴，不能不令贾南风三思。她根本不能也不敢把自己的安全寄托在太子的善念上——这个东西信不过，安全不是一念之善所能保障的，只能来自于不可撼动的权力。何况，贾南风弄权正欢，也放不下视如禁脔的权力。贾谧的话，走进了贾南风的心坎，此后便公开说道太子的短处，使远近皆知。于是朝野上下都明白了，贾南风有废黜太子的意思。

为对付太子，贾南风历年来创造性地使用各种招数：

第一，引诱太子学坏，令太子自毁声誉。

太子少时表现出色，包括武帝在内，都对他很有信心，所以在舆论中一向得人望。不过长大后，却不好学习，成天与左右胡闹，也不尊重保傅们。贾南风秘密指令的一些善于谄媚的宦官，秉承意志，经常在太子耳边吹及时行乐的风，又怂恿太子在盛怒之际用刑立威。这样的事情多了，就给外界传递出太子失德、不堪其位的印象。

太子在东宫中仿效民间的市场交易，派人杀肉卖酒，他还亲自上阵，手里掂量着肉，居然分量不差。在深宫中被森严而繁琐的种种规矩所拘束的龙子龙孙们，似乎都很向往民间自由活泼的气氛。

当初齐王曹芳被司马师所废，司马师收集了曹芳诸多"罪证"来坐实他的荒淫无道、道德败坏，以此证明他德不配位，及时废掉才是正确的。罪证之一，是爱玩不爱学习，与阿谀之徒嬉戏无度，爱看通俗戏剧"辽东妖妇"，被规劝时还扬言"我作天子，不得自在邪"。诸如此类的言行还有很多，极可能是少年天子曹芳心思不缜密，平时说话不注意，被司马师党羽们从曹芳左右的口里"用心"收集齐了，而最后成为清算皇帝的翔实的证据。而这也未尝不是曹芳的心里话：身为天子，岂能不得"自在"！历史上的天子、皇帝、至尊，最向往而不能得的，恐怕就是"自在"。隋高祖杨坚也曾叹过气："朕贵为天子，不得自由。"

与高雅对应的是低俗，与深宫对应的是市井。高雅的深宫生活是以"自在"的丧失为代价，低俗的市井生活则是"自在"的原型。所以，深宫中人，会不自觉地从"自在"的角度美化市井。仿效市场交易，模拟热闹、活泼的买卖，便是这类至高无上者所认为的，能享受如市井百姓一样自由自在的活动。当年东汉的灵帝刘宏，就在皇宫里仿造街市，设置摊点，令宫女妃嫔们扮成叫卖的商贩以及购物的客人，自己则身穿商人的服装，在这市集里闲逛，甚至还故意与人拌嘴、打架，不胜其乐。

太子的母亲本是屠夫家出身，大概也好上了叫卖、吆喝这一套。自然，此事会被太监们有意散播出去，人们又要大摇其头，感慨太子没有人君之风，有失皇家的体统。

太子玩乐嬉戏，挥霍无度。东宫旧制，每月有五十万钱的费用，但太子平日开销太大，这些钱也不够用。有太监献上馊点子：把东宫的物品拿到民间去卖，赚钱补贴，不必动用国家财政开支。这就更不成体统了。

总之，各类不像话的事叠加起来，太子少年时代积攒下的一点美誉基本上被挥霍得差不多。

第二，对外放风，诈称自己有了身孕。

贾南风装作大肚子的样子，示以怀孕的假象。同时，她把妹夫韩寿的儿子慰祖带进宫里，作为己子来准备着，等时机成熟就公布。只是这个表演太拙劣，朝野上下都看出来了，贾后对太子动手，为期不远。

一则童谣不久便传遍了整个洛阳城："南风烈烈吹黄沙，遥望鲁国郁嵯峨，前至三月灭汝家。"

在两汉魏晋，"谣言"这种舆论形式一直比较发达。它要传播的内容或者是对人物的是非毁誉，或者是对时局走势的预言，由于切合大众的知识结构、认知方式和思维特点，简明扼要，朗朗上口，所以容易扩散。有的"谣言"，是民间自发形成，有其民意基础；有的"谣言"，则是精心操控和布置的结果，以造成舆论声势和压力，达到耸动人心的社会效应。

政治和"谣言"密不可分。古人说"至德者不合于俗，成大功者不谋于众"，但这是理想情况，真正敢于力排众议、一意孤行的，从历史上看，几乎凤毛麟角。通常情况是，凡事都尽量去"合俗""谋于众"。这就是敬畏民意、顺应人心的社会心理基础。所以权力斗争往往少不了制造、释放流言蜚语这个环节，其目的是影响和操纵舆论。

再者，中国古老的政治哲学一直认为"天视自我民视，天心自我民心"，天心、天意就体现在民心、民意中。得民心，就是得天心；顺民意，就是顺天意。"谣言"，从这个角度来讲，是以民心、民意的形式直接呈现出来的天心、天意。把握了"谣言"，也就把握了至高的、不可逆的天意。所以"谣言"，往往是权力玩家们力量和信心的一个隐秘来源。

像贾南风，也留意舆论反应。她常派身边人微服出宫，探察民意。至于上面的那则"谣言"，究竟是怎么释放出来的，已不可知。它在洛阳城中流传开来，说明贾方和太子方的硬性冲突不可避免了。

贾南风即将对太子下手的迹象已经越来越明显，明眼人都看出来了，都在盘算、考虑下一步的动作。已经安静了将近十年的朝廷，如今又要风云激荡。只不过，这次的激荡不同于既往，它将打开通往整体性动乱、溃败的闸门，从此国无宁日。

六 貂不足 狗尾续

波诡云谲的形势，犹如一个巨大的黑洞，吞噬每个想在它里面浑水摸鱼的人。诡异而荒谬之处，在于它能够创造一种局面和条件，使平庸而可笑的人，也能自以为得计，似乎可以扮演天意所钟的角色，独占鳌头，自居至尊，专权妄为，指手画脚，惺惺作态，甚至促其有非分之想，举动猖狂，自我膨胀，直至爆裂，最终露出猥琐而渺小的本相。

赵王司马伦就是这样的人。他机缘巧合，借东打西，火中取栗，无往不利，似乎他才是不世出的权力高手，还迫不及待地过了一把皇帝的瘾，但所有这些，如梦幻泡影，终昙花一现。

太子司马遹被废

元康九年（299）年底，贾南风摊牌，太子被废。

贾南风有加害太子之意，早已为朝野所知。太子这边也不是无动于衷、束手待毙。中护军赵俊请求太子先下手为强，废除贾南风。中护军执掌一部分禁军，赵俊的提议意味着禁军中相当一部分力量不满贾南风，期待朝局有转变。但是太子没有答应。

东宫的左卫率刘卞，曾经受过张华的提拔，与张华说得上话。他把传闻中贾南风针对太子的阴谋提出来，当面询问张华的态度。

久经宦海的张华，碰上这样事关身家性命的大事，当然绝不表态，推托不闻其事。刘卞急了，以为张华怀疑他的诚意，于是摆出两人的私人关系，以打消张华的顾虑。张华还是不肯亮底牌，他知道刘卞此行不可能是个人行为，对方应该早已有了行动预案，所以反过来打探刘卞的打算。刘卞也不隐瞒，坦言东宫拥有万余精兵，而张华又在中枢执政，如果张华同意配合，太子入朝接管权力，把贾南风废黜，幽于金墉城，不过几个宦官的事。

张华却不想上他们的船。他大概有几层考虑：太子身为人子，发动政变，抢夺在位的父亲的权力，不合伦理，说不过去，即使政变成功，也不见得能免除罪责。这是其一。他本人是个无其实的宰相，没有操控全局的力量，出身一般，根基缺乏，当初贾南风也正是瞅准这一点才把他放在前台，对于满朝的亲贵，张华根本制约不了。刘卞等看重他的名位，而张华则掂量自己的分量。这样的权力牌局，他其实没有上桌的筹码。这是其二。贾南风待他不薄，对他相当尊重，即使太子当权，所能给予张华的，也无过于此时所拥有的，而一旦太子夺权失败，他将彻底输光。他实在犯不着冒这个收益不大但后果极其严重的险。所以，张华犯不着、没资本、也根本不能参与这个牌局。

太子一方的活动引起贾南风的高度警觉。贾南风本就经常派人四处打探消息，耳闻了刘卞的活动，当即把刘卞调离东宫禁卫系统，外放为豫州刺史。刘卞明白事情已败露，喝毒药自杀。

这年十二月，太子的长子司马遹生病，太子为司马遹请封王爵，但未能如愿。司马遹病重，太子祈福于祷告、祭祀等巫术。在暗中观察太子动静的贾南风觉得时机成熟了，诈称惠帝身体不适，传旨召见太子。入宫后，贾南风却不露面，而把太子安置在一间房子里，遣宫女陈舞用惠帝的名义赐酒三升。陈舞很厉害，口齿伶俐，拿话逼太子不得不喝醉。

贾谧身边的文豪潘岳，事先精心撰好了文章。贾南风又令小婢承福，趁着太子醉得不省人事，准备好纸笔，骗太子照着潘岳的文稿抄，这里面当然是为太子度身定制的狂悖之辞了——"陛下应自己了断，不自己了断的话，我当入宫了断。皇后又应速速自我了断，不自了断的话，我当亲手来了断。并和谢妃约好，两边同时发难，不要迟疑、犹豫，以至于留下后患。茹毛饮血于日月星三辰之下，皇天应许扫除患害，立司马遹为王，生母蒋氏为内廷之主。愿望达成，自当用三牲祭祀北君。"

太子此时已喝得神志不清，连哄带骗之下，照着文稿抄写，但写的字缺点少画，实在不整全，贾后又令人补足。

贾南风便把这份太子的手书呈给惠帝。她一手设计的逻辑很清晰，太子是因司马遹封王之事不被允许，所以心怀怨恨，向鬼神祷告诅咒皇帝和皇后，文辞俱在，铁证如山，大逆不道，罪无可恕。

惠帝召集公卿大臣入殿，要黄门令董猛公开展示相关证据，下诏赐太子死。看过这些貌似过硬的证据后，没人吭声，唯独张华和裴𬱟持有异议。张华希望惠帝慎重考虑，因为赐太子死是国家的大祸，容易生乱。裴𬱟则以为应该先审讯送信的人，且要比对太子的手书，不然，事情恐怕有诈。

贾南风自有准备，抛出太子所写的十余纸奏章公文。众人进行了比对，再不敢说什么。贾南风又派董猛传话施压速决，威胁以军法从事。大臣们一直商议到太阳落山，还是决定不下来。眼见张华等人意见坚定，仓促之间也难以扭转，贾南风怕事情拖下去可能有变，不得不退让一步，废太子为庶人。张华等人所能为太子争取到的，也就这么多了。

尚书和郁等持节，到东宫宣布废黜的结果。太子接受诏书，走出承华门，乘着粗犊车。东武公司马澹等率军，把太子及太子妃王氏，还有三个儿子司马遹、司马臧、司马尚一同幽禁在金墉城。

王衍上表请求女儿与太子离婚，划清界限；贾南风同意了，太子妃恸哭回娘家。永嘉五年（311），匈奴人刘曜攻陷洛阳，把俘获的王氏赐给部将乔属为妻，王氏拔剑相拒："我是太尉的女儿，是皇太子妃，义不为逆胡所侮辱。"于是被乔属杀害。

紧接着，贾南风又把太子母谢氏以及司马遹母蒋氏杀掉。贾南风暂时退让一步，但绝不会就此放过太子。

第二年正月，东宫的太监有出来自首的，供认与太子合谋为逆。自然，这是贾南风安排好的。贾南风亲手办的铁案，没谁翻得了。太子便从金墉城被押往许昌监禁。到许昌后，太子给王氏写信，想通过王衍申冤，圆滑的王衍没有接茬，这个关口，于他而言，明哲保身、装聋作哑是上策。

也不是所有人都如王衍一样识时务、发觉情形不对就缩头。在把太子押往许昌时，贾南风特意下令，东宫的僚属一律不准前往辞送。但洗马江统、潘滔，舍人王敦、杜蕤、鲁瑶等一众年轻的中下级官员，无视禁令，在洛水边涕泣拜别太子。

司隶校尉满奋，把这些违禁的官员分别关押于河南郡及洛阳县两级监狱。河南尹乐广，很有担当，作主把关在郡狱里的人全放了，这可是公开违逆贾后，许多人都为乐广担心。

乐广是清谈名家，以言简意精著称，为人释疑解惑，让人有拨开云雾见青天的感觉；他和王衍都好宅心事外，天下人评论风流人物，公推两人为首。乐广处政，在位时没有特别明显的政绩，每逢去职，却有令人思念的遗爱。当时一帮贵游子弟，行为不检点，把放荡不拘当成开通、潇洒，乐广精于玄理，不赞同他们的瞎胡闹，说出了"名教中自有乐地"的名言。

被关押在洛阳县监狱的官员，就没开释。司隶校尉的属官、都官从事孙琰，游说贾谧对此事淡化处理，以免负面影响扩大。贾谧于是命洛阳县令把人放了，乐广也没受牵连。

借刀杀人

太子被废，群情激愤。

曾经在太子身边的右卫督司马雅及常从督许超，与殿中郎士猗等禁军将领合谋废黜贾南风，复太子位。他们观察时局，认定张华、裴颜等大臣都是保守习常、安于禄位的人，不足以共行非常之事；右军将军赵王司马伦，执掌兵权，为人又贪婪冒进，倒可以假手于他来成事。

司马伦是司马懿的第九子，柏夫人所生。武帝即位，受封为琅玡王。司马伦曾经指使散骑将刘辑收买公所的人预备盗窃御裘，事发后，虽然廷尉及谏议大夫主张严惩，武帝因他宗室的身份，还是予以宽恕。元康初，司马伦坐镇关中，此地民族关系极端复杂，而他又刑赏失当，激起了氐人、羌人的叛乱，留下了一个乱摊子，被调回朝廷。他看到贾氏得势，便积极靠拢，深交贾谧、郭彰，谄事贾南风，备受亲信。他努力争取录尚书事及尚书令的职位，都被张华、裴颜坚决阻止。太子被废后，司马伦领右军将军，掌握了一部分禁军。

司马伦身边有个极为宠信的近臣，叫孙秀。孙秀是琅玡人，而司马伦做过琅玡王，两人都信仰在琅玡地区大为盛行的五斗米道。司马氏本为儒学世家，司马伦身为司马懿之子，居然不学无术，大字也不认识；而这个孙秀，狡黠多智，擅长书疏，所以司马伦颇为倚重孙秀，几乎言听计从。这些因素的叠加，把两人紧紧绑在了一起。

司马雅、许超等游说孙秀一道发动政变。孙秀是个不怕生事且没有什么底线的人，一经煽动，即发现可以浑水摸鱼，捞取巨利，立刻答应。司马伦自是听从。

孙秀乃小人之雄，留了个心眼，盘算道，如果事情成功、太子复位的话，轮不到司马伦有太大的好处，便劝司马伦暂缓动手，等贾南风谋害了太子，再以为太子复仇的名义废黜贾南风，这样便能坐收渔翁之利，成为最后的大赢家。

孙秀先把司马雅等人的计划稍微放风出去，加剧各方的相互猜疑。贾南风这边也是动作频频，屡遣宫女微服到民间摸查民情，听到这个传得满城风雨的消息后，非常担心。司马伦、孙秀则趁机怂恿惶惶不安的贾谧，先下手为强，及时除掉太子，以断绝众人的念想。

贾南风便不再迟疑了，令太医程据准备好毒药，派人到许昌逼太子服下，太子不肯，贾南风的人直接用药杵击杀太子。

太子遇害后，司马伦、孙秀自以为得计，而司马雅等却怕了，临时悔棋，称病退出。孙秀可不打退堂鼓，继续依计推进，又拉拢了右伖飞督闾和，约定好政变时间。到期后，矫诏令从属于卫将军系统的三部司马听从司马伦的号令，入宫废贾南风。

永康元年（300）四月初三这天晚上，行动正式开始。

华林令骆休为内应，把惠帝控制在东堂；又以惠帝名义召贾谧来殿前，贾谧见情形不对，逃到西钟下，呼叫："阿后救我。"当即被杀。

到这个地步，他还不明白：贾南风如果没事，谁都不敢动他；既然他被针对，就表示贾南风肯定也有事，已经是泥菩萨过江，自身难保。从他临危呼救可见，他不过是倚仗贾南风权势而猖狂无知的纨绔子弟。

翊军校尉、齐王司马冏率数百人打先锋，直奔内宫。贾南风看到司马冏，大惊失色："你为什么来？"

司马冏说："奉诏书来收捕你。"

贾后说："诏书都是从我这里发出的，你哪来的诏书！"

司马冏不跟她啰嗦，派人把她押解出去。路过上阁，遥见惠帝，贾南风大呼："陛下有老婆，叫人废掉，以后也会被废的。"

梁王司马肜也参与了这场政变。贾南风问："事情是谁发起的？"

司马肜说："梁、赵。"

贾后打了一辈子鹰，这次却被鹰啄了眼，眼见大势已去，愤愤不已，叹道："系狗应当系住脖子，反而系了尾巴，哪得不成这个样子！"

司马肜是司马懿第八个儿子，平庸得很，没什么特别的才华。元康中，继赵王司马伦镇关中，也没收拾好司马伦留下的乱摊子，还倾轧与反叛的氐人齐万年尽心作战的建威将军周处，导致周处战死。元康九年（299），曾参与除掉杨骏政变的积弩将军孟观，俘获齐万年，平定羌人之叛，司马肜被征召入朝，为大将军、尚书令、领军将军、录尚书事。但他在朝却依附于弟弟司马伦。

贾南风真没料到，平素在她跟前低声下气、阿谀逢迎、一脸谄媚的司马伦、司马肜，竟然反过来咬了她致命一口。她倒没有怨天尤人，只怪自己大意，出手还不够狠、不够准。在这点上，她的认识是对的：追逐权力的游戏中，对人应该保持足够的警惕，任何疏忽、麻痹和松懈，都是给自己挖坑。既然自作，那就自受，贾南风认栽。

后面出现的结果也就是自然而然的了。

贾南风被废为庶人。曾受命持节前往东宫宣诏废黜太子的尚书和郁，此次依然由他出马，持节押送贾庶人到金墉城。贾南风先后把太后杨芷、太子司马遹幽禁于金墉城。剃人头者，人亦剃其头，她没躲过轮回。在贾南风身边的黄门令董猛，还有那个身份模糊的太医程据，一并被杀。

大树既倒，猢狲遭殃。赵粲和贾午，被收入暴室刑讯穷究。司马伦又用惠帝的名义下诏一网打尽贾氏亲党，连夜召集公卿大臣入殿善后。

尚书们开始怀疑诏书有假，郎师景上奏请手诏，司马伦觉得此人太不识趣了，当即杀掉，公开宣示。

孙秀借刀杀人之计大获成功，先是借贾南风之手杀太子，然后利用众怒废贾南风。形势的进展尽在算计和掌握中，看见政由己出，司马伦洋洋得意，便计划先除掉有威望的大臣，既是立威，兼报宿怨。

其中济南解系，是司马伦以及孙秀始终耿耿于怀的。解系为人正直，曾经拒绝过权倾一时的荀勖的结交请求，当世人对他的胆气很是欣赏。后来解系出任雍州刺史，正值司马伦和孙秀激化关中地区的族群矛盾，上表朝廷，主张杀掉孙秀来安抚氐、羌。因这个缘故，与司马伦、孙秀结下了深仇。司马伦掌权，收捕解氏兄弟，梁王司马肜出面营救，司马伦怒不可遏："我从水里看到螃蟹都厌恶，何况此人兄弟轻辱过我！是可忍，孰不可忍？"执意杀掉，还不解恨，一并戮其妻子。

还有中原名士李重——当时舆论把他与王衍相提并论，也被孙秀盯上了。司马伦要任用李重为僚属，李重躲不过去，孙秀就拿李重开刀，认为有名望的乐广不好杀，不如李重的人又不值得杀，于是逼李重自裁。李重有个女儿，见事极明，平时李重常与这个女儿商议棘手的事。当孙秀决定对李重动手后，有人得知信息，把写有机密的纸条藏在发髻里，跑进李重家。李重看到后，脸色都变了，把纸条拿进内室给女儿看，他女儿只是叫了一声"完了"，李重顿时明白在劫难逃。

不过，首当其冲的，乃是司马伦、孙秀早已记恨在心的张华。

一只进退失据的小小鸟

张华在未发迹时，写过《鹪鹩赋》，以寄托情怀。鹪鹩，是一种小鸟，该意象取于《庄子》。张华以鹪鹩自居，渲染小鸟的处世智慧：虽然身微体陋，但所求不多，易于满足，活得安全、自在。确实，相对于出身于世胄名族的显宦，张华的家世要平凡、黯淡得多，鹪鹩是他自身的写照。

他清楚地知道自己在"上品无寒门、下品无势族"的时代中，就是只小鸟。尽管博闻强记、才华骄人，他还是把自己定位为小鸟，希望效法鹪鹩的立身之道。但矛盾的是，小鸟本应该翱翔于蓬蒿之际，而张华却居庙堂之上。在作为权力场的庙堂中，想做小鸟，简直是自欺欺人。

与张华共同辅政的裴頠忧虑贾后扰乱朝政，与张华、贾模商议，废黜贾南风，改立谢淑妃为后。张华与贾模不赞同，理由是惠帝都没有废黜的意思，他们作为大臣不便专行。再者，诸宗王权势日张，朝廷内朋党林立，意见难得统一，废后的风险性太大，如果就此败亡，反而不利于国家。第一个理由是不成立的，以惠帝的智力，对贾南风的专权根本无感，不可能有废黜的心思以及能力。这纯粹是个借口，张华真正担心的是遍布朝野的宗王及朋党的势力，凭他的出身及根基，不足以行废后之大事。

张华建议：就着尚被贾南风信任的机会，多在贾南风身边做些规劝的工作，讲明祸福的道理和教训，希冀贾南风不要做得太过分，天下得以勉强安定，如此可以优游卒岁了。

这就是张华的天真了，像贾南风这样权欲强烈、胆大心狠的人，又岂听得进大道理的规劝！由此可见张华的保守、求稳，顾虑太多，不敢也不愿冒险；宁愿维持现状，侥幸不要出乱子。

当刘卞来寻求张华的支持，张华不应。这其实是个信号，说明张华已在风口浪尖，已是各派势力关注、争取之所在，不大可能再装聋作哑，保持所谓中立，置身事外了。他要么选择站在胜利者一边，要么坚决告退，舍此之外，别无他途。他已处在大鹏的地位，却还是以小鸟自处，自以为安稳无虞，实则危险无比。

永康元年（300）三月，天现异象。张华的小儿子张韪以此为理由，力劝张华逊位，远离朝廷这个是非的旋涡。张华恋栈，说："天道幽昧玄远，要紧的是把自己做好。不如静观其变，以待天命。"

四月初三夜，司马伦即将开始行动，派司马雅出面，最后一次争取张华："现在社稷业已危险，赵王要和你一道匡正朝廷，为天下除害。"张华仍然拒绝。

司马雅愤怒地说："刀都已经架到脖子上了，还说这样的话。"掉头出门。司马伦和孙秀一得志，即收捕张华。

张华将死，对来宣命的通事令史张林说："你要杀害忠臣吗？"

这就是张华的可笑了，这个时候还标榜自己的忠诚。或许张华真的是觉得，他从不参与任何一方的行动，处理政事也是秉持公心，在贾后要枉杀太子时，他是廷臣中少数坚持为太子说话的。他没有道德的瑕疵，不应该有这个结局。

但张华似乎误解了，讲是非的所谓道德，在只认输赢的权力游戏中，绝不是护身符。况且，在张林等人看来，张华并不那么纯粹，在忠臣的外表下，其实还是有一颗爱名恋位的炽热的心。

张林诘问："你身为宰相，肩负天下大事。太子被废，为什么不为成全节义而死？"

张话为自己辩护："当日群臣在式乾宫商议此事，我的谏言都在，可以追查考实。"

张林反问："谏言既然不被采纳，为什么不去位呢？"

张华无言以对。

不多久，使者来，宣诏斩张华。张华进行了最后的表白："我是先帝老臣，内心赤诚。我不是贪生怕死的人，我担心王室从此多难，灾祸不可测啊！"随后张华被杀害于前殿的马道南侧，时年六十九，三族也被夷灭。

曾为杨骏舍人、以家财义葬杨骏的阎缵挺身而出，抚着张华的尸体恸哭："早就劝君逊位，但君不肯，现在果然没有逃脱，这是命啊！"又去贾谧的尸体大声叱骂："你这小儿，是祸乱国家的根由，把你给杀晚了。"赵王司马伦死后，阎缵驾车碾轧司马伦的坟墓。

与张华同时遇害的，还有一道辅政的大臣裴頠，时年三十四岁。裴頠威望素著，虽是贾氏的亲戚，但天下人没人认为他是凭借裙带关系上位，还担心他不在高位上。当时名士们在思想上多认同虚无，裴頠针锋相对，推崇实有，还写有论文来参与论战。

金谷坠楼人

如果说杀张华及裴頠，在报复之余，也是借此立威。而杀潘岳，尤其是石崇，则是在报复之余，借着变迹发泰，来攻击从前与他们隔若霄壤而又居高临下的高贵阶层，简言之，是把曾经所受的不平等在条件具备时预以强势地攻击。

潘岳，既是贾谧的心腹，又曾经羞辱过孙秀，孙秀自然不会放过他。当初潘岳父亲任琅邪内史，孙秀作为小吏侍奉潘岳，潘岳厌恶他的为人，多次鞭挞、羞辱，为此孙秀衔恨在心。

待孙秀助司马伦夺权成功，一跃为中书令，潘岳时在中书省，紧张地问："孙令还记得往日我们的交往吗？"

孙秀既恨恨不平而又不无得意地引用了《诗经》中的成句作答："中心藏之，何日忘之。"潘岳知道自己逃不掉了。不久孙秀诬蔑潘岳要作乱，诛灭三族。潘岳将赴刑场，对母亲说："对不起您老人家。"潘岳的母亲，兄弟潘释、潘豹、潘据、潘诜，兄弟之子，及已出嫁的女儿，无论长幼，一起被杀。

与潘岳同时遇害的，还有大名鼎鼎的石崇。

石崇的父亲、西晋的开国元勋石苞在临死前分家，几个儿子都留有财产，唯独忽略了石崇。石崇母亲为这个儿子说话，石苞很有深意地说出了他分家的考虑："这个儿子尽管现在还小，但以后自己会挣得家私的，所以不必留给他。"

果不其然，石崇胆子很大，异于常人。任职地方时，公然下手打劫境内的客商，通过各种手段，积累了巨万的身家。他在洛阳的达官贵人圈子中以豪阔出名，其享乐的放肆程度无人企及。他在洛阳郊外奢华、精美的别墅金谷园名噪一时，那里简直是人间乐土、世外桃源。他有爱妾绿珠，被孙秀看中了，派使者来要人。

当时石崇在金谷园中，正登上凉台，下临清流，美婢娇妾在旁伺候。孙秀的使者说明来意，石崇很大方地把数十名衣着华丽、香气袭人的美婢唤出来，任由使者挑选。

但使者指名道姓，只要绿珠，石崇勃然大怒："绿珠是我的最爱，唯独她不可以。"

使者说："君侯博古通今，察远观近，愿您三思。"

石崇仍然拒绝。使者不死心，出去后复返，做最后的争取，石崇态度依旧不变。

孙秀愤怒了，劝司马伦诛杀石崇以及与他素有罅隙的石崇外甥欧阳建。石崇和欧阳建也不甘心坐等被杀，联合黄门侍郎潘岳，游说淮南王司马允、齐王司马冏，想先下手除掉司马伦和孙秀。孙秀察觉不对劲，矫诏抓捕石崇及欧阳建等人。

石崇正在家欢宴，前来收捕的甲士们到了门口，石崇对绿珠说："我今天可为你获罪了。"

绿珠哭泣道："我死在你面前。"说完，从楼上跳了下去。

石崇说："我最多不过是被流放到交州、广州而已。"等车子把他拉到东市，石崇明白了，这是要他的命，不由感慨："奴辈看中了我的家产。"

收捕者回答："既然明知是财产惹的祸，为什么不早早散财？"

石崇无言以答。随他一起在刑场上被杀的，有母兄妻子等老少共计十五人。

孙秀之所以要杀石崇，还不仅仅是贪图石崇的身家，或许还有低等士人在发迹、得志后，向高等士人报复的意味。

孙秀掌权后，求交于前朝名臣杜预之子杜锡，却遭至无情的拒绝。杜锡的态度，代表着一般高门大族对自下层崛起的政治暴发户的蔑视。

被孙秀、司马伦所害的李重，在任尚书郎时，曾针对朝廷限定王公大臣拥有奴婢的数量及禁止百姓卖田宅的动议上书，从历史的演变来立论，认为秦汉以来，历代政权都不再施行儒家抑制兼并的政策、恢复井田制的理想；而王法真正严格管控的，乃是服物车器等所标明的贵贱等级，令人不敢僭越，以免扰乱尊卑秩序。李重的这段话，尽管有其具体指向，但所透露出的是他们这占据主流的高门大族的普遍心态，他们是贵贱分明、尊卑有序的社会政治结构的坚定认同者和维护者。

孙秀也不是杀到底，他对人区别对待，也是有回报的。

孙秀为琅邪郡吏时，希望琅邪乡里舆论界给他一个好评。主持该事务的琅邪望族中的王衍不答应，王衍的从兄王戎力劝满足孙秀的欲望。王戎精于人伦识鉴，知道孙秀这样的小人之雄不可轻易得罪。果然，孙秀发达后，是有仇报仇，杀了不少有宿怨的朝士，但对王戎、王衍，则很客气，抬手放了一马。王衍素来瞧不起司马伦的为人，司马伦得势，他佯狂斫杀婢女。其实，司马伦如果有心报复，王衍岂是杀个婢女装疯就能装得过去的！这里面，应该是孙秀说了关键的话。

还有，孙秀手腕灵活，他对洛阳的权贵做起了分化工作。杀掉张华、裴𫖳后，孙秀把这两家的家产分给朝臣。

许多人畏惧孙秀，不敢不接受，就连嵇绍，也收下了裴家的牛车、张家的奴婢。这手很绝，强迫朝臣参与分赃，拉他们下水，使他们得到实际利益，无话可说，又打击了他们的道德感和正义感，使他们有话也羞于说。

无疑，面对这个已然成型的庞大的社会政治结构，孙秀是有自卑感的，尽管他的谋略和才华绝不逊色于那些大人、君子、名士！他向石崇索取绿珠，大概是要把这颗在洛阳达官贵人圈子里公认的最明丽的珠玉收归己有，以象征他如今的发达、得势。所以，石崇的拒绝，已经不是舍不得一个丽人这么简单，而是对他的无视。孙秀杀石崇，是要洛阳城里高高在上的权贵们正视、承认他的崛起。

但是，孙秀想要的太多了。

诚然，他因缘巧合，依傍、辅助司马伦，借助于司马伦的夺权而上位，一时间通过操控司马伦来操控这个曾经可望而不可即的朝廷，隐然成为王朝中心的主宰，但他改变不了他的卑微出身，抹杀不了贵族对他积久而成的不屑态度。贵族社会的形成，是巨大的历史力量推动的结果。这不是他所能轻易撼动的。当他不是与某个贵族，而是要与这种社会形态，要与这股历史力量来抗衡时，他将会被轻易地击溃。

变 起 淮 南

司马伦在睚眦必报，以杀立威的同时，也大肆封赏，普施恩惠，其党羽弹冠相庆，跟着发迹。

司马伦自封相国、都督中外诸军事，把自己放在了如哥哥司马师、司马昭当年辅佐魏室的位置上，包括世子司马荂在内的司马馥、司马虔、司马诩等几个儿子也封王封侯，占据要津。

不过，这四个儿子都不大成器，遗传了他的愚笨。司马荂浅薄鄙陋，司马馥和司马虔凶狠强戾，司马诩愚蠢嚣张。而且兄弟关系不睦，互憎互毁。

一手助推司马伦坐收渔翁之利的孙秀，自然是扶摇直上，出任中书令。司马伦倚孙秀为谋主，完全被他所操纵，朝政事实上是由孙秀做主。天下人看清了形势，迅速调整方位，簇拥在新的权力中心孙秀身边，甚至都不去求司马伦。

孙秀的儿子孙会，年仅二十岁，为射声校尉，娶了惠帝女河东公主。公主虽说服母丧未满，还是接纳了聘礼。

这个孙会，身材矮小，容貌丑陋，人物猥琐，从前与洛阳城里的富家子弟们一起厮混，在城西贩过马，熟知其底细的百姓，听说此人居然摇身一变，成了当朝驸马，没有不惊愕的。

此外，文武官员中封侯的有数千人之多。每次政治大清洗过后，鸡犬升天都是保留节目。

司马伦既然打着为太子司马遹复仇的名义发动政变，掌权后便为司马遹平了反，令东宫的官属到许昌把太子骨骸迎回洛阳，这次领头的，依然是尚书和郁。

王衍在太子被废事件中，一点原则性也不讲，志在苟免，所以也被司马伦处理了，禁锢终身。

司马伦觉得留着贾南风是个祸害，借惠帝的名义，赐了一杯金屑酒给她喝，贾南风死在了金墉城。

永康元年（300）五月，司马伦立司马遹之子司马臧为皇太孙。这成了导火索，点燃了一场更大的动乱。司马伦因政变成功，大权独揽，野心膨胀，有更进一步当皇帝的念头，司马臧孤幼，便于操纵，是登大位的合适过渡。

但，有这个想法且具备有这个想法的资格的，不止司马伦一人，还有淮南王司马允。

司马允是武帝第九子，元康九年（299）入朝。在司马遹被废时，朝廷内就有立他为皇太弟的提议，可见他在幕后是有积极活动、运作的，能量和心思均不小。只是朝廷内意见没达成统一，他的皇太弟的梦暂时破碎了。现在司马伦立司马臧为皇太孙，便彻底断了司马允的念想。

淮南王司马允领中护军，掌握关键的禁军，且性格沉毅，在禁军中很有威信。他有条件向司马伦发起挑战。他知道司马伦志向不小，也预做准备，私下豢养了不少死士，密谋起事。

三个月后，政变再度发生。

司马伦甚为忌惮，把太尉的名头给了司马允，表面上是优崇，实际上剥夺他的兵权。司马允借口生病，拒不接受。司马伦则遣御史逼他上任，并收捕他的僚属，拟以大逆不道的罪名来弹劾。

司马允很生气，把诏书拿过来一看，发现竟然是孙秀的手书，怒不可遏，严厉地对左右说："赵王要破败我家。"于是率淮南国的国兵以及帐下七百人出去，大叫："赵王反了，我要去讨伐，助我的，把左臂都露出来。"

淮南王平素注意抚御，因此归心的士兵不少。本来他先是要麾军入宫的，看来他的打算是先挟制惠帝。但尚书左丞王舆关闭了宫城东门东掖门，淮南王进不去，转去围攻司马伦的相府。

司马伦自掌权后，有强烈的不安全感，他把自己的府内的护卫力量明面上增加到二万人，与皇宫相同，加上隐匿的士兵，总人数超过三万。而淮南王手底下都是淮南境内剽悍勇武的奇才剑客，开战后，屡败司马伦的部下，造成上千人的伤亡。

太子左率陈徽率所属军队在东宫内鼓噪响应。此前司马伦控制东宫，在东宫三门四角上修起望楼，又隔断东宫的东西道路建为障塞。

淮南王在东宫正南门承华门下列阵，弓弩齐发，箭像雨一样射向司马伦。有个僚属用身体挡住司马伦，背中流箭而死，司马伦及其官属都隐藏在树后，每棵树中了数百支箭，战况激烈，从辰时一直延续到未时，犹未停息。

陈徽之兄陈准，时任中书令，拟助淮南王，向惠帝请示，调用白虎幡去解除双方的战斗；随后派司马督护伏胤率四百人马持幡，从宫里出发。司马伦之子、汝阴王司马虔任侍中，在门下省，了解到这一突发情况，觉得有机可乘，说动了伏胤，许以富贵。

伏胤怀揣着空版，假称奉诏书来助淮南王。淮南王不觉有诈，把军阵打开，放伏胤的人进来，下车准备受诏，结果被伏胤一举杀掉，时年二十九。同时遇害的，还有淮南王之子秦王司马郁、汉王司马迪，受淮南王牵连而被诛杀的，有数千人。

本来司马伦要一并杀掉淮南王的同母弟吴王司马晏，光禄大夫傅祗在朝廷上力争，司马伦退了一步，贬为县王。齐王司马冏则迁游击将军，这个职位没达到他的期望，恨恨不平，孙秀也觉得把司马冏放在禁军中，是个不稳定因素，于是调司马冏出朝，任平东将军，镇守许昌。

有惊无险地除掉了淮南王这个心腹大患，又把碍眼的齐王撵出朝，环顾朝廷内外，再无实质性的威胁，司马伦志得意满，或许他甚至可能觉得有如天助，是他所信仰的五斗米道的神灵，在冥冥中予以护佑，于是紧锣密鼓地开始了篡位的行动。

狗尾续貂

篡位有现成的例子可以学样。

孙秀提议为司马伦加九锡，除了吏部尚书刘颂，极少有大臣敢有不同意见。孙秀有所顾忌，已经杀了张华、裴頠等重臣，如果再杀掉刘颂，本来就不好的声望势将进一步低落，所以放过了刘颂，把他调开，改任光禄大夫。

司马伦一边惺惺作态、假装谦让，一边又通过诏书命百官到相府来敦劝。既然朝廷上下如此坚执，司马伦就不再推辞了，接受了九锡。同时，用三个儿子控制禁军。

有人又传言，说散骑常侍杨准、黄门侍郎刘逵要拥戴梁王司马肜诛杀司马伦。时年九月，正逢星变，相关部门官员占卜，得出将不利于上相的结论。

孙秀相信天人感应及阴阳灾异等这套理论，担心上天示警，要验印在司马伦身上，想出了个一箭双雕的计策：把司徒改为丞相，授予司马肜，好让上相司马肜替司马伦应天象。顺便把杨准、刘逵转任外官。

又有人说：司马肜没实权，起不了作用；而且，司马肜也坚辞丞相之位。

好不容易把这年熬过去。到第二年（301）一开春，司马伦篡位迫不及待了。

司马伦和孙秀，素信巫鬼之道，先演起来，装神弄鬼，大造舆论，令人假装司马懿神灵附体，说"司马伦应该早入西宫"。又宣言司马懿在洛阳郊外的北邙山襄助司马伦，于是在北邙山另立司马懿的神庙。一番布置下来，司马伦与孙秀把他们自己也弄得更有信心了，以为所谋必成。

接着，司马伦令心腹、小字阿皮的义阳王司马威，动手抢惠帝天子的玺绶。一向如软柿子被人捏来捏去也无痛感的惠帝，这次有了切肤之痛。在复位后，嘟哝着说："当时阿皮折断了我的手指，抢夺我的玺绶，不可不杀。"所以司马威被杀了。

又有尚书令满奋持节、奉玺绶，宣读禅让诏书。司马伦还是假作谦让，于是宗室诸王、公卿大臣再次劝进，司马伦这才勉强接受。当然，满朝文武也不敢不劝进，因为左卫将军王舆及前军将军司马雅率甲士入殿，把明晃晃的武器亮了出来。

大臣们用天子的乘舆法驾迎司马伦入宫。惠帝则乘车，从华林西门黯然入居金墉城。这次依旧是尚书和郁领头相送，随从的，还有日后在江东建立东晋的琅玡王司马睿，以及中书侍郎陆机等人。

司马伦僭位，大赦天下，改元建始。为收买支持，普降甘霖，官爵已不是论功封赏而是大派送，几乎人人有份。

各郡国的上计吏以及年满十六岁的太学生，都予职位。郡县的太守及令长，凡大赦之日在任的，一律封侯。他的党羽，越级超升的，就更多了。像孙秀、张林等铁杆，自不待言；甚至奴仆、厮役之类，也撞了大运，赶上了趟，获有爵位。

每逢朝会，满座都是戴着貂尾的高官显宦。时人编了句谚语来形容之——"貂不足，狗尾续"。司马伦也不讲什么体统了，只求能把眼前对付过去，为了取悦人心，大慷朝廷之慨。新增的官员太多，国库里的积储赏赐一空，金银都不够铸造官印，以致于出现了一批仅有封号而无印信的爵位，人称"白版之侯"。有气节操守的君子，引以为耻，百姓也明白这局面势难维持。

司马伦虽说做了皇帝，权力却操之于孙秀，因为拥有的一切，均由孙秀谋划而来，没有孙秀，司马伦还在围着贾后献媚，焉能取而代之，所以对孙秀有破格的信用。

孙秀住在当初司马昭出任相国时所居的府邸，政事无论大小，司马伦必先咨询孙秀的意见再施行。对司马伦的诏令，孙秀也常修改，有时还自己写在青纸上作为诏书，而且一天内改个好几回，是常有的事，百官像走马灯笼一样换来换去。总之，在孙秀的一手操纵下，朝廷没个正儿八经的样子。

孙秀和助司马伦篡位的另一亲信张林本有嫌隙。张林在升任卫军将军后，因开府的要求没得到满足，写信给司马伦的世子司马荂，说了几句孙秀的坏话。司马荂却把信交给了司马伦，司马伦又给孙秀看，孙秀则劝司马伦杀掉张林，司马伦同意了。为此，司马伦还特意做了一个局，约请宗室到华林园聚会，以这个名义把张林、王舆以及孙秀同时召来，就此杀了张林，并诛其三族。

司马伦自篡位以来，狂封滥赏，一点也不吝惜名器，却不满足心腹张林开府的心愿；在统治基础并不稳固、亟须调和内部关系的时候，却因一封抱怨的书信而诛杀张林三族。这预示着，司马伦集团的崩溃为日不久了。

其实，孙秀对情况也不是懵然无知。因为在地方上有三个手握重兵的强藩，分别是镇许昌的齐王司马冏，镇关中的河间王司马颙，以及镇邺城的成都王司马颖。孙秀一方面启用党羽为这三王的参佐，以便监控；另一方面，又加司马冏为镇东大将军，司马颖为征北大将军，都予开府，以笼络和安抚。

这点甜头，自然不会令三王罢休，他们密切注视着朝廷的动向，一场更大的风暴正在酝酿、形成中。

自武帝身后十多年来，政变尽管频繁，杀戮尽管血腥、残忍，但终究只是发生在洛阳一城之内，基本上没有溢出京师，没有牵涉地方。不过，随后即将到来的风暴则大大升级了，宫廷政变让位于席卷全国的内战，王朝再也无法平静，根基将彻底被撼动。

七

四王演义

司马伦在御座上才坐了三个月，针对他的统一战线就形成了。

首先举起旗帜、发出号召的，是坐镇许昌的齐王司马冏。司马冏本参与司马伦的政变，事后却只得到了游击将军的头衔，离其期望值还很远，怨恨之意现于颜色。孙秀察觉到了，加上忌惮司马冏在朝廷之内，外放他镇许昌。司马伦篡位后，又给了他镇东大将军的名号，想要安抚。可这难以满足司马冏的欲望，他见司马伦的篡位犯了众怒，感觉到人心所向，决定利用这个契机，于是有了倒伦的想法。

司马冏振臂一呼，得到众多地方实力派的响应。其中最起劲的，是成都王司马颖以及常山王司马乂，甚至原本倾向于司马伦的河间王司马颙也望风转向，加入到反司马伦的阵营。这倒不是因为齐王本身有很大的号召力，而是他首先站出来，领了个头，激活了不满于司马伦倒行逆施的各方力量。这些力量，本来各有各的打算，彼此之间积累的矛盾也不少；但反司马伦，则成了最大公约数，使他们为了这个共同的目的，暂时团结，走到了一起。

很明显，等攻倒司马伦，各方的共同敌人消失，他们中久已存在的次要矛盾将会上升为主要矛盾。内乱只会越来越严重，而不会消停。

诸 王 起 事

　　齐王司马冏先是秘密与离狐王盛及颍川王处穆合谋起兵。司马伦一方对此有所警觉，派遣心腹张乌来打探虚实，张乌没发现什么，回去复命说齐王没有异心。

　　司马冏因心里有鬼，害怕事情会败露，就和军司管袭杀了王处穆，把人头送给司马伦，示无异志，好安其心。这个军司，本就是司马伦放在司马冏身边当监军的。等司马冏谋划一确定下来，便杀掉管袭。

　　司马冏和豫州刺史何勖、龙骧将军董艾等人共同起兵，并派遣使者联络成都王司马颖、河间王司马颙、常山王司马乂以及南中郎将新野公司马歆等宗室王公，同时发布文告给天下军镇、州郡县国，宣称："逆臣孙秀，迷误赵王，应当共同诛讨。"

　　扬州刺史郗隆接到檄文，考虑到宗族、家人均在洛阳城内，犹豫不决，参军王邃斩杀郗隆，传首司马冏。

　　成都王司马颖与其僚属邺令卢志商议，认为司马伦篡位，人神共愤，大势已去，决定响应司马冏。司马颖出师，羽檄所及，没有不响应的，到朝歌后，兵力达到二十万。

常山王司马乂态度更为坚决，亲率常山国兵响应。他是武帝第六子，身材高大，开朗果断，才力过人，礼贤下士，声望很高。经过赵国，房子县令抵御坚守，司马乂毫不犹豫地杀掉。常山内史程恢首鼠两端，有贰心，司马乂抵达邺城后，斩杀程恢及其五个儿子。

新野公司马歆是司马懿第七子扶风王司马骏的儿子，算起来与司马伦有叔侄之亲；接到齐王的檄文，不知道该拥护哪一方。嬖人王绥劝站在司马伦一边，因为彼此关系既亲，而且看起来司马伦实力也强。这是目光短浅的庸人之见了。参军孙洵在众人间大声反驳："赵王凶逆，天下应当共同诛讨，哪有什么亲疏强弱！"这话坚定了司马歆的选择，决定加入司马冏阵营。

前安西参军夏侯奭，在雍州始平纠合了数千人，准备响应司马冏，派遣使者邀约坐镇长安的河间王司马颙，司马颙用长史李含的计策，令振武将军张方擒杀夏侯奭及同党，正好司马冏的使者来，便把使者拘系，准备一道送往司马伦处，表明立场；并令张方率军前往相助，刚到华阴，司马颙听说齐王和成都王兵势盛大，支持者多，怕站错了队，急忙变卦，又把张方召回，转而附和齐王和成都王。

在贾南风诛杀杨骏的政变中发挥极重要作用的孟观，后来又得到过张华等重臣的欣赏和举荐，率领禁军，生擒氐人首领齐万年，平定关中地区的氐、羌人的叛乱。司马伦篡位后，孟观被任命为安南将军、监河北诸军事，驻屯于宛。

本来孟观与司马伦还有点私人纠葛：其子孟平是淮南王司马允的前锋将军，在讨司马伦的军事行动中战死。孙秀因孟观握兵在外，急欲笼络，编造谎言，一边把孟平的死亡推给司马允，一边赠予积弩将军的衔头来安抚孟观。

孟观少时就好天文星相之学，当反司马伦的统一战线结成时，很多人劝他响应齐王，但他观测天象，见紫微宫帝座没有变化，认为该天象对应着司马伦，于是不听从众人的意见而坚持为司马伦固守。司马伦败后，永饶冶令空桐机把孟观斩首，传送洛阳，同时夷灭三族。

战火从各地燃向了洛阳。

杜甫有诗云："洛下舟车入，天中贡赋均。"洛阳号称天下之中，四边有关河险阻。北临黄河，南有熊耳、外方两山，西有崤山，东有嵩山、箕山，在黄河南岸还有秦岭之余脉北邙山为其屏障。所以北宋李格非《洛阳名园记》总结洛阳的地形特点："处天下之中，挟崤渑之阻，当秦陇之襟喉，而赵魏之走集，盖四方必争之地也。"汉灵帝中平元年（184），为拱卫京城安全，在洛阳周边山河之间，依据险阻，设置函谷、孟津等八关。这些均是洛阳外围重要的军事据点。

面对宗王们的起兵，司马伦和孙秀进行了针对性的部署：令上军将军孙辅、折冲将军李严率七千人出延寿关（今河南巩义南），征虏将军张泓、左军将军蔡璜、前军将军闾和率九千人出嵾阪关（今河南登封东南），镇军将军司马雅、扬威将军莫原率八千人出成皋关（今河南荥阳西北），分路抵御齐王；又令孙秀之子孙会督将军士猗、许超率三万人抵御成都王；又以司马虔率兵八千人，作为总预备队，酌情增援各方。

形势危急，除了兵来将挡水来土掩外，司马伦和孙秀还情不自禁地从他们的信仰中汲取力量、蛊惑人心，凡能想得到的招，尽可能地用：一是令人到北邙山的宣帝别庙祈祷，假借司马懿的名义，宣称某日当获胜；二是拜道士胡沃为太平将军，用来招致福报；三是派近亲到嵩山，身着羽衣，诈称仙人王子乔，假作神仙书，书中讲述的都是司马伦基业长久，用这套神秘兮兮的东西来增强党羽们的信心，也是坚定自己的信心。孙秀则在家里成天祭祀，作厌胜的文字，令巫师选择作战日期。

在前线的中央军，毕竟是精锐之师，战斗力强，起初仗还是打得不错的。张泓等人出嵾阪，据阳翟（今河南禹州），屡败齐军。司马冏驻军颍阴（今河南许昌），张泓等乘胜进逼，司马冏遣兵迎战。诸军不动，唯独孙辅这一支夜里自乱，他们直接跑回洛阳，假传消息：齐军太厉害，势不可挡，张泓等人已经阵亡。司马伦大惧，把这消息压下来，不予公开。

张泓等率领诸军渡过颍水，进攻齐王大营不果，只好撤退。孙秀则诈称大获全胜，已经生擒齐王，令百官庆贺。

另一路的孙会、士猗、许超等人，在黄桥击败了成都王的前锋，杀伤万余人。成都王的军队惊骇不已，准备退保朝歌。但卢志劝说：应该挑选精兵，趁着对方取胜轻敌之际，杀个出其不意，否则士气一旦低落，再鼓动起来就难了。成都王以为然，又集结军队进攻。

司马伦则喜出望外，重赏黄桥之胜，孙会、士猗和许超都持节。这下子他们反而互不买账，谁都不听谁，军令不统一，指挥体系于是乎乱了套，再加上取胜之后，志得意满，瞧不起成都王，掉以轻心，麻痹大意，不加严防。成都王率军反攻，大战于溴水。孙会等大败，弃军逃走，成都王遂乘势长驱渡济水。

司马伦又启用太子詹事刘琨，使持节督诸军战。刘琨和兄长刘舆本来名列贾谧的二十四友之中，却没受贾氏垮台的影响，在司马伦执政后继续受到信任。因为司马伦世子司马荂是刘氏兄弟的姐夫，有这层关系在，两兄弟更加得势了。

不过刘琨督战，也止不住败势，被迫烧掉黄河之上的河桥，要阻遏对方的进路。武帝泰始十年（274），名臣杜预以黄河孟津渡水险流急，奏请在富平津修建浮桥，遭到普遍反对，但杜预力排众议，坚持修建。桥成之日，武帝亲率百官参观，把酒庆贺。现在刘琨为求自保，一把火把桥烧掉。

前方战况不利，令洛阳城内的反司马伦的力量有了可乘之机。孙秀知道自己树敌太多，朝廷内外都想除掉而后快，所以平时不敢轻易离开中书省。

孙会等败回，与孙秀商讨后路，有主张收拾残剩的士兵决一死战的，有主张焚烧宫殿、杀掉不服从者，挟持司马伦向南投靠孟观的，有主张向东乘船入海的，众口不一，最终也没讨论出个结果来。

就在孙秀等人五心不定的时候，洛阳城内的政变又发动了。这次挑头的，是左卫将军王舆及尚书、广陵公司马漼。两人率七百余营兵从南掖门入宫，宫内的三部司马为内应，攻打中书省内的孙秀。

孙秀紧闭大门，王舆放兵登墙烧屋，孙秀等人急遽逃出，全被斩杀。司马伦的一帮党羽，如前将军谢惔、黄门令骆休、司马督王潜等，也都在殿中被杀。

王舆屯守云龙门，召尚书令、左右仆射及五曹尚书等八位高级官员入朝，以司马伦的名义下罪己诏："我被孙秀妨害，触怒了三王。现在已经诛杀了孙秀，应该迎太上皇出来复位，我本人归老田园。"

于是数千名士兵把被拘禁了几个月的司马衷从金墉城里接出来，洛阳城内的老百姓山呼万岁。司马衷重登帝位，顺便把司马伦送入金墉城。

惠帝重回御座的几天内，朝廷内一阵忙活。大赦天下不说，还来改元，因为元凶既除，可以更始、维新了。普天同庆当然也是有必要的，朝廷特地下令臣民开怀聚饮五天；接着派遣使者慰问、犒劳起事的齐王、成都王和河间王，如果没有他们的起义，司马伦将继续颠倒乾坤。

该操办的事都操办完，后面的工作就是清算司马伦。由上次政变的要角之一、梁王司马肜领衔，上表给司马伦凶逆的罪行定了性。性质一定，下面的事情顺理成章：遣官员持节赐司马伦死，饮金屑酒。

司马伦大惭，用头巾覆盖着脸，连声说："孙秀误我，孙秀误我！"好像后悔不迭的样子。当他耍弄阴谋诡计，以黄雀的姿态，坐等贾后和司马遹这对螳螂和蝉缠斗，当他侥幸胜了淮南王并篡夺帝位、做成天子的时候，当他屠杀异己、封赏党羽、快意恩仇的时候，大概以为孙秀是上天特意派来辅佐他的。幸亏有孙秀在，才使得他能坐揽大权；而等到事败，孙秀又成了他推卸责任的由头。

司马伦的四个儿子司马荂、司马馥、司马虔、司马诩，也一起被杀。司马馥临死前，还愤懑不已，对司马虔说："就因你而获罪，导致我们家破人亡。"一场春梦过后，往往是当事人不尽的后悔和埋怨。

满朝文武中凡被司马伦启用的，一律斥免，结果朝廷的官僚机器几乎空转。从齐王起兵以来的六十多天内，在战争中死去的有将近十万人之多。政变反复上演，各派在御座旁你拉我扯，巨大的震撼终于由中央传导到地方，王朝出现了散架的趋向。前面的几场政变，固然残酷，但倒在血泊里的，多半还是局中人，每次遇难的，就在千把人；此次已发展成全国都快被动员起来的内战，丧命的人数是前面的几十倍，而太康元年（280），全国户籍人数是一千六百多万。

齐王等宗王从地方上起兵，是个转折点，说明司马氏内部权斗的升级，自此步入了一个更复杂、更动荡的阶段。

齐 王 当 道

惠帝复位，朝廷快被清空，成都王、河间王和齐王以胜利者的身份相继进入洛阳。齐王的声势尤为浩大，甲士数十万，旌旗兵械之盛，震慑京都。这也预示着，齐王将是洛阳城内新的权力核心。

三王入京都，开始了论功行赏。齐王为大司马，加九锡，地位如同曹操辅汉、司马懿辅魏。成都王为大将军，都督中外诸军事，录尚书事，也加了九锡。河间王分到了侍中、太尉，加三赐之礼，略逊于齐王和成都王。常山王则为抚军大将军，领左军。广陵公和新野公均晋爵为王。

但对时局起主导作用的，还是齐王、成都王及河间三王。他们三府各自配置掾属四十人，多加武将的头衔，文官仅为备员而已。这是一个值得关注的迹象，有识者隐约感觉到偃兵息甲从此大概没指望了。

司马伦既倒，针对他的统一战线无形中解体。心怀鬼胎的各派势力又开始各自集结。

新野王将要回镇守的荆州，与齐王同乘，拜谒帝陵，谈起了对朝局的看法："成都王是皇帝的弟弟，此次又共同建立了这么大的功业，为今之计，应把他留下来辅佐朝政。如果不能这样，则当夺他的兵权。"

这边在盘算成都王的去留，那边也没闲着，在盘算着齐王的定位。

常山王与成都王一起拜陵，两人是同胞兄弟，彼此敞开了心扉，常山王说："天下，乃是先帝的基业，你成都王应该把它保护好。"

事情的演进就是这样不可逆料——当初武帝和司马攸之争并未随着两人的过世而彻底平息、成为历史，在新的条件下反而复活，寄于各自的儿子身上，重新演绎。耳闻过这场对话的人，无不忧心忡忡。因为新一轮的厮杀，逐渐在酝酿之中了。

助成都王在关键时刻屡次做出正确选择的卢志，劝谏成都王，最好暂避齐王一头，理由是成都王的功勋无与伦比，因为齐王当时号称有百万之兵，却被司马伦的军队所阻，相持不能决，而成都王长驱直入，声威大震，这是天下人有目共睹的。现在齐王虽有留成都王共同辅政的想法，但两雄不能并立，最高权力不可能分享，不如退让一步，以照料母亲的名义，先回邺城根据地，继续培养声望，坐收人心。因此不妨大度点，索性让齐王独掌朝政。这是将欲取之、必先与之的算计。

卢志看得很准，与其过早地在朝与齐王发生正面碰撞，倒不如以退为进，令齐王自我膨胀，等待齐王把一手好牌打烂，人心尽失，再在众人的期盼中出来收拾局面。

成都王言听计从。当惠帝接见、慰劳时，他拜谢："这都是齐王的勋绩，臣没有功劳。"又上表称颂齐王的功德，建议朝廷委以重任；对于自己，则痛陈母亲有疾，请求归藩奉养；而且不等朝廷决议，当即辞别出宫，连军营也不回了，拜过太庙后，径出东阳门，在途中才遣人送信与齐王道别。

齐王大惊，赶紧飞驰出城送行，到七里涧才追上。成都王停车话别，满脸都是泪水，话里只是担忧母亲的病情，一点也不涉及时事。成都王的谦逊、恬淡、笃厚还有纯孝，感动了不少人，声望自然有了进一步的提升。

回到邺城的成都王，按照卢志的建议，继续打仁义牌。一是上奏朝廷，因齐王当时在阳翟的持久战糜烂了地方，使百姓困顿不堪，乞求发粮赈济。二是造了八千多口棺材，收敛、祭奠黄桥之战中死难的士兵，并且表彰他们的家庭。三是下令温县安葬司马伦一方战死的一万四千多名士兵。

成都王既然识趣离朝，朝政自然落在齐王手上。齐王当政，这就轮到他的人马纷纷走到前台。其中，葛旟、路秀、卫毅、刘真和韩泰等五人尤见信用，均封为县公，号曰"五公"。常山王司马乂，恢复了从前的长沙王爵位，并迁开府，骠骑将军。

有人得意，就有人失落。

东莱王司马蕤，是齐王的兄长。在齐王起兵后，差点被司马伦所杀。齐王进入洛阳,司马蘬在路上迎接,齐王端起了架子,没有即时接见,为此大怒:"我因受你的牵连几乎丧命,你居然连一点兄弟的情分也不讲。"他性情凶暴,平常一喝酒就乱性,经常凌辱齐王,又曾经向齐王要求开府而不得,因此心怀怨恨,与左卫将军王舆合谋,准备废掉齐王。

但事情败露了。司马蘬被废为庶人,流放到上庸,上庸内史陈钟秉承齐王的意旨,秘密杀了司马蘬。至于王舆,因前面对司马伦临阵倒戈,促成司马伦的败亡,属于将功折罪,所以事后没被追究党附司马伦的罪责,而这次居然故态复萌,反复无常,又想发动政变,再难脱身了,自己被杀不说,还殃及三族。

齐王想要长久专权,但有个情况对他不利。惠帝的子孙因各种原因基本上没有在世的了,成都王作为惠帝的弟弟,隐然有继位的趋势。想来卢志也是看到了这种可能性,所以才劝成都王不争权,保持低调的作风,树立仁义厚道的道德形象,以争取舆论的好感。

齐王自要扼杀这种可能性。他看中了清河王司马遐之子、年仅八岁的司马覃,司马遐是武帝第十三子,死于永康元年(300),爵位由司马覃继承。于是司马覃被立为皇太子,齐王则为太子太师。

潜在的政变扑灭了,皇太子也在掌握中。当这些布置完成后,齐王似乎自我感觉良好,志得意满,有些飘然。在个人待遇与享受上,不禁逾越制度,骄奢淫逸、耽于享乐、大起府第的事多起来。还有就是用人不公，威福自作，宠信私人。其实这类事也不是什么大不了的，不至于动摇他的权力基础，但是舆论影响很不好。

看不过眼而劝谏的人也有。

如嵇康之子嵇绍，修书提醒齐王把精力放在当务之急上。一个叫郑方的处士，徒步走到洛阳，自称荆楚逸民，投书齐王，直言不讳地告诫有享乐过度、宗室不睦、蛮夷不静、民困不纾、有功未赏等五大过失。

齐王的前僚属孙惠很恳切地指出："大名不可以久荷，大功不可以久任，大权不可以久执，大威不可以久居。"孙惠的担忧是有道理的，在武帝死后短短十多年的时间中，权力像颗定时炸弹，抢的人很多，无论谁抢到手上，最终都会被炸得粉身碎骨，无人可以善终。

对于这些劝谏，齐王固然没有采纳，但也不是完全没有听进去。他征询其记室督曹摅的意见："有人劝我把权力交还给朝廷，怎样？"曹摅说："凡事忌讳太盛。大王真能居安思危，撩起衣裳洒脱地放下朝政，没有比这更好的了。"

但是，齐王还是放不下。

放不下，也不仅仅是贪恋权力。在这种情形下，不是把权力交出去便万事大吉，从此高枕无忧、逍遥自在了。就在齐王这么徘徊的时候，危机果然如许多人所料地来了。

不过，齐王怎么都没有想到，危机居然是由一个不大起眼的人意外引发的，而他的命运也由此决定。

长沙王继起

历史往往有惊人的相似：在复杂、紧张的形势中，一个不怎么被关注的小人物，出于个人利益的考虑而行动，往往会撬动整个局面。

当初楚王司马玮身边的公孙宏和岐盛两人，因要自保，说动楚王把事情闹大，杀了辅政大臣汝南王司马亮及卫瓘，结果助力贾后专权。十年后，又有个类似于公孙宏和岐盛的人出现，此人便是河间王司马颙的心腹李含。

李含是陇西狄道（今甘肃临洮）人，侨居始平；少有才干，陇西、始平两郡都举荐他为孝廉。与始平同属雍州的安定郡，有豪族出身的皇甫商，以李含寒微，想与他结交。在皇甫商看来，这是不耻下交，是看得起李含。谁知李含拒绝了，皇甫商大失脸面，衔恨在心，动用家族势力，令州府召李含为门亭长——这是对李含的羞辱。

但李含运气不错，本州新任刺史郭奕早就听说过他的贤能，一到任便擢升李含为刺史府僚属中排名最靠前的别驾。不久李含被举为秀才，荐至公府，后由卫瓘的太保掾转为秦王司马柬的秦国郎中令。司徒选举李含领始平中正。秦王死后，李含作为秦王故吏，因在服丧礼仪上出现纰漏，遭到政敌的攻击而被贬为五品。

李含归长安，过了一年多，有关部门委派李含为寿城邸阁督，这是个管理军粮的小官。司徒王戎以为李含曾经做过大臣，即使被贬，也不应当降为邸阁督这一级别。于是李含得以避免这个带有羞辱性的安排，后出任始平令。

司马伦篡位后，有人对孙秀说：李含有文武大才，可惜没人赏识。孙秀可能对出身与他类似的李含有了怜悯之心，任李含为东武阳令。

河间王又表请李含为其司马，对他很信任，不久转为长史。李含自此成为河间王的谋主，其与河间王的关系，一如孙秀之于赵王司马伦，河间王许多重大的行动都是李含的策划。

齐王传檄天下共同讨伐司马伦，起初河间王准备站在司马伦一边，听从李含的建议，杀掉响应齐王的夏侯奭等人。后来看到齐王阵营得势，便及时掉头。

尽管如此，齐王对河间王阿附司马伦的过往经历不能释怀。河间王当然也明白自己被提防、猜忌的处境，两王维系着表面的和睦，这个和睦相当脆弱，禁不起任何风吹草动。

而李含，就是这个吹风的人。

说来也是冤家路窄。那个曾经羞辱过李含的皇甫商发展得也不错，被司马伦任用为梁州刺史，在司马伦败后，去职，投奔河间王，这下与李含又碰头了。两人的宿憾解不开，即使河间王居中勉力调解，也无济于事。

其后李含被征召入朝，担任翊军校尉。皇甫商也入洛，出任齐王的参军，因李含出主意而被河间王所杀的夏侯奭的兄弟，正好也在齐王幕府，极力为夏侯奭鸣不平，称夏侯奭标举大义，却被河间王冤枉杀害。李含心有不安了。

洛阳是齐王的势力范围，皇甫商和夏侯奭的兄弟成天在齐王身边进言构陷，李含有了惧意。更令人头疼的是，李含的仇敌还不只这两人。齐王的右司马赵骧也与李含有矛盾，而齐王即将检阅军队，李含担心赵骧借机把他给害了。

疑心一起，李含越发觉得洛阳过于凶险，完全呆不下，于是一个人骑着马逃到长安，矫称有密诏。

河间王连夜召见，李含献上了权谋家们最喜欢的刺激鹬蚌相争、最后坐收渔翁之利的计策："成都王是皇帝的至亲，且立有大功，现在归藩，很得天下人的心。而齐王越过成都王，独揽大权，朝廷内外惧愤交加。不如传檄长沙王，令讨齐王，而把这个消息又放给齐王，齐王势必抢先下手，等成为事实，以此为借口传檄天下，加重齐王的罪责，如此可以擒住齐王。清除威逼朝廷的齐王，推举与帝系血缘上更亲的成都王，用以安定社稷，这可是伟大的勋业。"

李含的打算是，要河间王学昔日的司马伦，先打出长沙王这张牌，给齐王施加压力，然后借用齐王的手来除掉长沙王，再把所有的账一股脑地全算在齐王头上，这就有了足够的理由对付齐王，等废掉齐王，再把成都王推上帝位，河间王则自为宰辅，操纵朝政，如此勋业告成。

本来为求自保的李含，利用河间王对他的信任，当然也是利用了河间王遏制不住的权欲，挑起了更大的事端。

河间王被说得怦然心动，心一动就行动；当时武帝的族弟范阳王司马虓都督豫州诸军事，河间王把司马虓拉上，上表朝廷，一条条地数落齐王的罪责，扬言率兵十万，会同成都王、新野王、范阳王齐赴洛阳，请长沙王废齐王回府，以成都王辅政。

李含被河间王任命为都督，统率大将张方等，进军洛阳。河间王又邀约成都王，这回成都王没有耐心继续观望下去，尽管卢志劝谏，仍然执意响应。掌权不到一年的齐王，把自己变成新的一致斗争目标。

太安元年（302）年底，河间王的表奏送达朝廷，齐王大惊，召集大臣开会商议对策。尚书令王戎主张就此交权逊位，保个王爵和平安。

齐王的亲信从事中郎葛旟愤怒地说："汉魏以来，王侯就第，哪有能保全妻子身家的！提议交权的人该杀。"

葛旟对形势的洞察要比这些人都深刻得多。他心里很清楚，事情发展到如此地步，权力已和身家性命紧紧地绑在一起，交出权力，实际上是把自己的命以及家族命运的处置权交给了人，等于是由人宰割，更无安全可言。那些权力的觊觎者们，是不会有宽大之心的。所以，以放弃权力来换取安全，实在是幼稚天真的想法。当年高平陵政变时，执政的大将军曹爽正是听信了游说者们的说辞，以为只要交出了权力，司马懿定会遵守承诺，放他一马，令他安稳做个无忧无虑的富家翁，其结局是阖族被杀，导致曹氏失政。

其实葛旟也知道，他本人以及家族的生死和齐王不可分了，城门失火，殃及池鱼，他既分享了齐王当权所带来的荣耀，也必然付出齐王倒台后的代价。困兽犹斗，无论如何，他是不会主张一受威胁就自动交权的；更何况，鹿死谁手，还说不定。

满朝大臣被葛旟的话给震慑住了，惊骇失色，滑头的王戎眼见不对劲，假装五石散药性发作，掉到厕所里，躲过去了。

李含屯兵阴盘，张方驻扎新安，然后按兵不动；接着传檄长沙王讨伐齐王，这是有意激起洛阳城里的内讧。

齐王先下手为强，派兵袭击长沙王。长沙王也不是好惹的，当即率左右百余人飞驰入宫，关闭宫门，再用天子的名义围攻齐王的府邸。

齐王命黄门令王湖盗了驺虞幡，大叫："长沙王矫诏。"

对方不甘示弱，回应："大司马谋反，出力的人诛连五族。"

当天晚上，城内混战，箭如雨下，火光冲天。惠帝登上东门，箭密集地飞射到近前。群臣忙着救火，死者相枕。

鏖战一夜，齐王战败，被捉到惠帝面前。惠帝于心不忍，想饶他一命，但长沙王呵斥左右，快把人牵出去。齐王还回头，做出乞活的姿态；事已至此，居然还有幻想。

最终齐王被斩于阊阖门外，传首六军示众，其党属夷灭三族，死的有两千多人；三个儿子押送至金墉城幽禁，尸体则曝露于西明亭，三天都无人敢出面收敛。

李含等听说齐王已死，引军返回长安。朝廷这下子就由长沙王做主，但司马乂似乎接受了教训，并不专擅朝政，事无大小，都请示远在邺城的成都王。这次轮到成都王膨胀起来，恃功骄奢，政务废弛，甚至比齐王在位时还要过分，逐渐嫌长沙王碍手碍脚，产生了除掉的想法，兄弟俩的关系于是乎出现裂痕。

在长安的河间王和李含的如意算盘也落了空，本以为处于优势地位的齐王应该很轻松地除掉相对弱小的长沙王，然后好进行下一步；孰料人算不如天算，长沙王竟然翻盘，反而成了最大的受益者，辛苦一场，什么也没捞到，却为长沙王做了嫁衣裳。

李含尤为气愤的是，死对头皇甫商并没受到齐王垮台的影响，又成了长沙王的参军。长沙王大概觉得有李含在河间王身边，总有生不完的事，便征李含为河南尹。河间王以为有机可乘，令李含与侍中冯荪、中书令卞粹秘密联络，谋杀长沙王。皇甫商得知后告发，长沙王把这些人一锅端，全部杀掉。

成都王派了刺客来杀长沙王。正好长沙国的左常侍王矩当班执勤，非常机警，发觉了刺客的图谋，先杀了刺客。

事情都成这个样子，再无调和的余地，三王彻底撕破了脸。

河间王起兵讨长沙王。成都王响应，卢志认为从前费了好大的工夫塑造出良好的声望和形象，不能就此放弃；军队作为后盾，备而不用，借助形势，利用舆论的呼声和期盼，堂堂正正地以文服而非戎服的形象入朝执政，这才是王者的事业。卢至很有政治头脑，知道权力的争夺固然离不开武力，但也不能完全诉诸武力。参军邵续规劝："兄弟好比左右手，明明想荡平天下的敌人，却先去自己的一只手，可以吗？"这是要求分清楚亲疏和轻重，即可以争取和倚靠的对象以及真正的对手。但成都王等不及了，一概不听。

太安二年（303）八月，河间、成都二王共同上表，以长沙王论功不公平，以及与皇后父亲、右仆射羊玄之及左将军皇甫商专擅朝政、杀害忠良的名义，请诛羊、皇甫两人，长沙王则归藩国。

长沙王强硬地回击，用惠帝名义下诏："司马颙等胆敢举兵，来逼京师，我当亲率六军，诛灭奸逆。以司马乂为太尉、都督中外诸军事，抵御叛军。"

战争又开始了。

洛阳攻防战

河间王的大将张方率军七万，从函谷关东向洛阳。成都王则引兵屯朝歌，以陆机督牵秀、石超等，统领二十万军队，南向洛阳。

惠帝抵达距洛阳十三里的十三里桥前线。长沙王遣皇甫商率万余人在宜阳抵抗张方，被击败。九月，长沙王进军缑氏，逼退了牵秀。

张方则趁机进入洛阳。洛阳城一共有十二座城门：城东分别是建春、东阳、清明三门；城南则有开阳、津阳、平昌、宣阳四门；城西分别是广阳、西明、阊阖三门；城北则有大夏、广莫二门。大肆劫掠，烧了清明、开阳两座城门，死者有上万人。

十月，石超进逼缑氏，惠帝撤回洛阳。

长沙王在东阳门外击溃了牵秀，在建春门打败了陆机。陆机败退七里涧，尸体堆积如山，把涧水阻断了。石超也撤离了。成都王引发的威胁暂时解除了。

长沙王又侍奉惠帝在洛阳城内对战张方。御驾亲征，还是有一定的震慑作用。张方的士兵望见惠帝的乘舆，一时畏怯，往后稍撤，张方也制止不了。阵脚一乱，于是被杀得溃不成军，死伤者堆满了街巷。张方不得已，退至十三里桥。

这个张方，是河间人，家世贫贱，以勇武得到河间王的宠幸。张方善战，有头脑，不是莽夫；刚吃了败仗，军心动摇，没有坚持作战的志气了，很多人见形势不利，劝张方趁夜逃避。但张方不这么看：打仗本就有利有不利的，这是常态。贵在因败为胜，如果出其不意，在其近前作军垒，此乃用兵中的出奇。

张方不但不退，反而前行。秘密进军，逼近洛阳七里。长沙王连战皆捷，放松了警惕，没料到张方竟然反其道而行之。

十一月，长沙王忽然听说张方的壁垒筑成，紧急发兵进攻，遭致失败。朝廷官员们，皆以为长沙王和成都王是兄弟，可以做些工作谈得拢，不必兵戎相见。中书令王衍等前往劝说成都王，与长沙王分陕而治，兄弟俩平分天下，成都王不乐意。

长沙王又致信，分析形势，剖析利害，想要和解。成都王开出条件：杀了皇甫商后，即引兵还邺。

此次起兵，便是以皇甫商等乱政为借口，如果这个条件得到满足，无疑肯定了成都王起兵的正当性，从而占据政治上的主动，长沙王当然不乐意。

于是谈判破裂。成都王的军队再次逼近京师，与张方形成夹攻之势。

洛阳城高墙厚，难以力攻。张方是个猛人，打起了水的主意。他驻兵于阊阖门外的驶水桥西，附近有千金堰；该堰是对洛阳城至关重要的水利工程，本筑于东汉初，又在魏明帝太和年间由都水使者陈协重修，平时从事维护工作的就有一千余人。

张方破坏了千金堰，堰下的水碓因干涸而停转，洛阳城里的粮食加工大受影响。朝廷只好调发王公贵族家的奴婢用手舂米，供给军需。官府和私人两面窘迫不堪，米价飞涨，一石达万钱。

张方的围困使洛阳压力大增，长沙王想出了一条围魏救赵之计，任命皇甫商的兄弟皇甫重为秦州刺史——秦州在长安的后方。皇甫商怀着惠帝的手诏，令皇甫重率兵攻长安，迫使张方撤兵回援。

这个计策不错，但幸运没有降临长沙王身上。皇甫商行至新平（今陕西彬州），不巧遇上了素来怨憎他的从外甥，真是冤家路窄，此人立即向河间王告发，结果皇甫商被杀。为洛阳纾困的围魏救赵之计就这样意外地无疾而终。

长沙王和成都王的对决，把许多大臣夹在中间，左右为难。名士乐广处在尚书令的高位上，而他的女儿恰是成都王妃，因之诋毁、构陷他的谣言不少。长沙王就此发问，乐广神色不变，慢慢说："我怎么可能用五个儿子换一个女儿呢！"

乐广是清谈名家，以言辞简约、精当而著称。他的回答，尽管合于人之常情，但终究难以消除长沙王的猜忌。一向宅心事外、洒脱旷达的乐广，摊上这么一个福祸安危不可测的事，再也无法超脱，精神负担过重，忧闷而死。

长沙王屡屡打败成都王，前后共杀了六七万人。战况虽然激烈，他倒没有因危就简，对惠帝的礼节从未亏缺，把皇帝还当成个皇帝。洛阳城中的粮食供应日渐紧张，士兵们一时倒也没有背叛的心思。

洛阳城看起来还很牢固，一时半刻也攻不下来，张方就有了撤军的想法。但是城内的东海王司马越反而沉不住气了，担心守不住，利用禁军中有些将领已经倦怠打仗的心态，秘密与左卫将军朱默趁夜发动政变，逮捕了长沙王，通过惠帝免去其太尉，并送往金墉城监禁。

等城门打开，外军入城，发动政变的禁军，见对方军容不盛，实力并没有想象中的强大，后悔起来，又进行谋划，要把长沙王从金墉城里营救出来，重新组织抵抗。

东海王司马越惧怕兵变，准备杀掉长沙王，好断绝众人的希望。黄门侍郎潘滔没这么鲁莽，献上了借刀杀人之计："不必亲自动手，自然会有安定局面的人。"派人秘密把消息通告了张方。

张方令部将郅辅统率三千人，把长沙王从金墉城转移到自己的军营，接着活活地烧死。被活烧的长沙王，叫声惨痛，传到周围，三军将士无不为他流泪，死时才二十八岁。长沙王后来被安葬在城东，其官属没有敢去的，唯独故吏刘佑送葬，徒步扶持丧车，放声悲号，哀痛之情，感动路人。

虽然如愿以偿地除掉了长沙王，但成都王没有居洛的意思，而是以丞相的身份回到邺城，继续遥控朝政，又以东海王为尚书令；为了更有效地控制洛阳，委派嫡系石超，率兵五万，屯驻洛阳的十二座城门，同时把禁军中凡是平时忌恨的将领统统杀掉，宫中宿卫也换上了自己的军队。成都王又任命卢至为中书监，留在邺城，参署丞相府事。

其后，通过河间王的表请，成都王被立为皇太弟都督中外军事，丞相如故，他把标志其太弟身份的乘舆服御全迁到邺城，制度一如当年的曹操；并以河间王为太宰、大都督、雍州牧。

东海王的政变，造成洛阳城易主，也使他从禁军中浮出水面，走到了宗室内战的前台，成为结束"八王之乱"的人，这当然是后话了。随着长沙王的身败被杀，眼前的局面，是成都王和河间王分居邺城、长安，暂时平分权力。

赵王司马伦篡位，引起了各拥强兵的宗室成员的内战；经过齐王司马冏、长沙王司马乂的手，权力像球，绕了一圈，还是滚回成都王司马颖这边。成都王用武力没能攻下洛阳，在战场上没讨到什么便宜，却利用城内的内讧，意外地达成所愿。只是，为成都王打先锋进军洛阳的统帅陆机，没看到最后的成事，而在惨败后，因内部矛盾，临阵被成都王所杀。

陆机死得很冤枉，因为死非其罪。当天据说天有异象，白天茫茫的大雾弄得天昏地暗，大风把树木折断了，平地有尺把深的积雪，人们纷传是陆机被冤杀所致。其实，陆机之死，也不是意外。因为他本是有机会全身而退的，却犹犹豫豫，终因功名心太热，而把自己陷进四王演义的泥潭里去了。

八

眼前无路想回头

四十三岁的陆机在被杀前，特意脱下戎装，戴上便帽，从指挥作战的将军身份回到了最切合他的儒雅风流的名士角色。他抚今追昔，忍不住悲慨："华亭的鹤唳，怎么可以再听见啊！"

　　陆机的祖父陆逊在孙吴时，因功被封为华亭侯。华亭本是个默默无闻的小地方，但因吴郡陆氏的显赫地位，使这个地方也由此而不同凡响。人杰，所以地也就更有灵了。吴灭亡后，陆机在华亭闭门读书十年，此地有清泉茂林，宜于隐居；可惜这里的鹤唳，对此时的陆机而言，已成绝响。

　　身后有余忘缩手，眼前无路想回头。在生命即将终结的时候，陆机有了悔意，后悔卷入洛阳权贵们的权力游戏，深陷其中，无力自拔，本想有为，乘势而上，却遭倾覆，终罹大难，不说重现家族的荣光，就是连华亭故乡也回不了，空留感叹。

入　洛

　　陆机是在武帝太康十年（289）从家乡赴洛阳为官，正式踏上了仕途。前两年他也去过一次，不过当时是处理私事，几乎是悄无声息；而这次不同，是带着强烈的期待而来。

　　其实，陆机的弟弟陆云先他入仕。当时陆机还写诗相赠："猗我俊弟，嗟尔士龙。怀袭瑰伟，播殖清风。非德莫勤，非道莫弘。垂翼东畿，曜颖名邦。绵绵洪统，非尔孰崇。"

　　他很高兴陆云能"曜颖名邦"，他仿佛看见陆氏的"洪统"将在陆云手里得以发扬光大。这并不表示陆机把重现家族辉煌的希望完全放在陆云身上，他在这方面的心思更重。

　　在赴洛阳道上的陆机，思绪万千，有诗纪程："总辔登长路，呜咽辞密亲。借问子何之，世网婴我身。"世事如网，把他牵绊住，而又无可奈何，必须上路。作为孙吴政权基时的吴郡陆氏，随着孙吴的覆亡，失去了昔日的权势，虽然社会影响力还在，但如果不挤入晋朝的权力圈，衰颓在所难免。

　　陆机对家族怀有强烈的感情，其从弟陆晔年轻时就很有声望，每每称赞道："我家世代都不缺少公卿了！"他是希望看到陆氏的声名权势长盛不衰。孙吴亡后，陆氏在江东地区的社会影响固然还在，但在大一统的王朝内，离权力的中心相距甚远。陆机一心要恢复陆氏的荣耀，这是他从未消褪的抱负。而陆氏失去的荣耀，只能在洛阳才找得回来。所以，他必须离开华亭，揖别亲朋，到洛阳去。

一入洛阳的陆机，立即得到了大人物张华的赏识。张华甚至不无夸张地说，伐吴的成果，就在于获得了陆机、陆云二骏。张华是辅助武帝定策伐吴的核心人物，当然有资格说这话。而且，这也正好表示：大晋无以为宝，唯以贤才为宝，彰显了西晋政权崇高的德性。不管怎样，张华破格的揄扬，有助于陆氏兄弟提升在洛阳权贵圈层的知名度。

其实，为了能更好适应、融入洛阳，陆氏兄弟也精心做出了准备。洛阳的士大夫在学术上逐渐偏离两汉繁琐的经学，发展出新型的以道家思想为主体的玄学，在生活中则把玄学思辨和语言游戏结合起来，发展出象征其智力优越性的清谈。陆氏兄弟本来不擅此道，但他们还是努力迎合。

有个传说：陆云曾经夜行，迷了路，忽然见草丛里有火光，于是过去。发现一人家，便投宿，其家有个风姿翩翩的美少年，两人谈上了《老子》，辞致深远。天亮后陆云告别，走了十多里路，到故人家，被告诉方圆数十里中无人居住。陆云若有所悟，回头寻找昨夜投宿的地方，原来是大玄学家王弼之冢。陆云本来在玄学上没有多少造诣，自此谈《老子》便不同凡响。

这当然是无稽之谈，是好事者生造，此事虽虚，却也反映出某种真实的心态：像陆氏兄弟这样的江东才俊，"当然了解洛阳的风气正在玄学笼罩之下，自己要到洛阳去做官，不能不先事揣摩，所以在途中还从事学习，希望不致临时无法应答，为京洛名士所笑，这种心理是不难猜测的"❶。

论文才，陆机风华绝代，当世能与他比肩的，几乎没有。但不是单凭才华，就能在洛阳立足的。何况，陆机还是亡国之余；他之所以被朝廷征召，首先是用来点缀圣代海纳百川、不计前嫌的气度。以胜利者自居的中原名族，打心眼里瞧不起江东子弟。

广陵人华谭，祖父华融官至东吴的左将军、录尚书事，到洛阳后，骄横的王济嘲讽道："你是吴楚之人，亡国之余，有什么杰出、奇异的才华而参加人才的举荐？"

陆机也遇到类似的挑衅，发难的是范阳卢志。卢志乃高门出身，曾祖是东汉末的大经学家卢植，祖父是曹魏时名臣卢毓，父亲卢珽任过尚书，伯父卢钦在武帝一朝身居高位，张华在仕进的道路上就得到过卢钦的助推。

在一次名流聚会上，卢志当众问陆机："陆逊、陆抗是你什么人？"直接说出对方长辈的名字，不加避讳，不仅仅是失礼、傲慢，更被当时社会普遍认为是羞辱对方的门第。

是可忍孰不可忍，陆机当然要反击："就像你和卢毓、卢

---

❶ 唐长孺："读《抱朴子》推论南北学风的异同"，载唐长孺著，朱雷、唐刚卯选编《唐长孺文存》，上海古籍出版社 2006 年版。

廷的关系。"

在一旁的陆云大惊失色，出门后埋怨兄长反应过度，还为首先挑衅的卢志找理由，认为卢志或许还不知道他们两兄弟的身世。

陆机不以为然："我们的父亲、祖父名扬天下，他卢志这个鬼儿子岂有不知的道理！"

卢氏发祥于东汉的卢植，关于卢植有个荒诞不经的故事。卢植之父卢充，偶入崔少府墓，与崔氏亡女结婚，生下了卢植。所以陆机拿这个在魏晋间流行的诬蔑卢氏的故事来回辱卢志。

陆机对祖父陆逊可谓景仰备至。孙权黄武七年（228），陆逊统帅吴军，在石亭之战中，击败了曹魏大司马曹休，令其疽发背而死。这是陆逊继夷陵之战击败刘备后的又一场辉煌的胜利，兴奋的孙权予陆逊以极高规格的礼遇，军队班师过武昌，孙权把自己专用的黄罗伞盖特意给陆逊用，以体现陆逊的特殊地位。

多年后陆机回味祖父这一幕无上的荣光，还忍不住说："魏大司马曹休侵我北鄙，乃假公黄钺，统御六师及中军禁卫而摄行王事，主上执鞭，百司屈膝。"卢志的轻蔑态度，自令陆机怒不可遏。

陆云性格安静、文弱，陆机则要激烈得多，而且声如洪钟，情绪上来，往往言辞慷慨。陆机在大庭广众中怒怼卢志，气势定是惊人的。这固然快意，有力地维护了他们吴郡陆氏的赫赫声名，但两人的过节从此也就结下了。陆机种下的这个因，日后促成了他的身亡，这当然是谁都始料不及的。

陆机也曾拜访过王济。当时王济案前放着几十斗羊酪，指着这些羊酪给陆机看，说："你们江东有什么美食可以比得上羊酪？"明面说的是食物，隐含的是作为征服者的北人对作为被征服者的南人的轻视。

陆机听出来了，他要为南人争口气："我们家乡有千里莼羹，这还是没加上豆豉的。"莼菜乃江南特产，鲜美可口，如果再调以豆豉，口感更佳。比的是食物，捍卫的则是南人的尊严。北人种种无形的优越感，紧紧地包裹着敏感的陆机。

在洛阳崭露头角的陆机，引起了太傅杨骏的注意，辟为祭酒。能依托权势熏天的太傅，应该是不错的机缘，怎奈杨骏是座冰山，不多久就融化了。贾后联合楚王司马玮发动政变，杨骏倒台身亡。好在陆机地位不甚高，不属于杨骏的核心党羽，基本上没有受到牵连。

元康二年（292），朝廷又征召陆机为太子洗马。太子司马遹的东宫僚属尽一时之选，多由年轻而有才气的贵族子弟充任。如武帝驸马、琅邪王氏中的王敦，名臣杜预之子杜锡等。东宫对陆机而言，应算得上是个可以继续储资养望的地方，也是个可以和司马氏统治集团第二代精英培植关系的地方。当然，待在东宫，也不容易迅速脱颖而出，陆机似乎有点等不及。

元康四年（294），陆机离开东宫，出任吴王司马晏的郎中令。司马晏是武帝二十五子中人材最庸劣的一个，还得了风疾，眼睛斜视。当时藩王多从其封国内的名门望族中选择僚属，陆机是吴郡人，所以加入了吴王的幕府。很显然，司马晏其实也不是一个很好的依托对象。

元康六年（296），陆机再次入朝，先后出任尚书郎、著作郎。著作郎是权贵子弟们普遍看重的一个清显的职位，事不多，名声却好听。当初与陆机在杨骏太傅府的同事阎缵，被认为才华堪任著作郎而推荐给了秘书监华峤，华峤很老实地交底："该职位尽管清闲，但权贵们都很看中，多来争夺，所以来不及考察才华。"

这段时间，陆机逐渐与贾谧接近，两人时有唱和。贾谧由潘岳代笔，有诗赠给陆机："昔余与子，缱绻东朝。虽礼以宾，情通友僚。嬉娱丝竹，抚髀舞韶。修日朗月，携手逍遥。"诗中回忆了在太子司马遹东宫共事的友情岁月。

贾谧背靠贾后，权势滔天，人物不俗，对陆机也另眼相看。所以陆机很高兴地加入了贾谧的核心朋友圈，名列贾谧的"二十四友"中。

这二十四人，也不全然都是贾谧的死忠。除了潘岳等少极个别人深度参与了贾谧的政治活动外，其余的人基本上只是攀龙麟、附凤翼，分沾一点得势的贾谧头顶煊赫的光环。

有的人——特别是和郁，简直就是个擅长混迹官场的官油子，他完全认同与时俯仰的处世之道，无论谁、无论以什么方式得势当权，他都紧跟、乐从、配合、遵令、执行，他没有一以贯之、必须坚守的道德准则，他不作是非之分，所以他是绝不会把自己同贾谧绑定的。陆机虽说不像和郁这样苟且混世，但也没有把宝全押在贾谧身上。

赵王司马伦由关中调回朝廷后，颇识时务，迅速调整方位，向贾氏靠拢，谄媚贾谧、贾模。与贾谧接近的陆机，一来二去，也同司马伦熟络起来。

待司马伦发动政变清除了贾氏一党，顺势把平素嫉恨的重臣张华、裴𫖮等一并杀掉，既为报怨，也是立威。司马伦自封相国，为了博取声誉，大力援引名士为其僚属，陆机一下子又成了相国参军。在司马伦普降甘霖来收买人心的时候，陆机也因参与诛灭贾氏的功劳，被赐爵关内侯。

司马伦谋划篡位，任陆机为中书郎。这大概是看重陆机的文才，需要借助陆机的大手笔来做堂皇无比的高头文章，为自己造势。此时的陆机似乎很受信任，也表现得较活跃、积极，他还同和郁等人一道，受命把被迫退位的惠帝送往金墉城软禁。

深 耕 京 华

武帝一朝分两次有计划地启用原孙吴地区的社会精英。

第一次是在太康五年（284），以陆机的从父陆喜为首的十五人被征入朝。陆喜仕吴，累迁至吏部尚书，武帝任他为散骑常侍。

吴亡后，最先仕晋的是薛莹。孙皓的降文，便出自薛莹的手笔。武帝也从薛莹的口中了解孙吴士人的情况。有人问陆喜，薛莹是不是国士中第一流的。陆喜则回答："按道理来讲，大概介于第四、第五之间。"问的人很惊愕，不解其故。

陆喜阐述了他关于士人立身处世的不同层次的看法："第一流，是在暴虐无道的时候，好比龙蛇，沉默自居，潜藏不用，深不可测；第二流，是避尊就卑，聊取俸禄，淡泊冲退；第三流，为国家殚精竭虑，以实现大治为志向，不拒绝高位，但立身方正，坚持原则；第四流，认真考虑时代需要，在乱世也显身，但内心忠诚，根据条件做出微细的贡献；第五流，温和恭敬，节制审慎，不带头谄媚，无补于国事，从容保持禄位。第五流以下，人物就不足论了。第二流以上，大多沦没远离灾祸；第三流以下，尽管有声望、地位，但已接近获咎了。所以有见识的君子，韬光养晦，行柔顺之道。"

陆喜说得玄乎其玄，其大意不外是，在确保自身安全的情况下，灵活因应局势，能进则进，当止则止，判断准确，态度坚决，这才最高明的人物。陆喜的话，揭示出动辄得咎的时代中，士人处世的艰辛，需要小心翼翼地平衡正直、利益和安全等多个因素。

陆机很不幸，也堕入他的从父的理路中。他做不到一龙一蛇、与时俱化，做不到恬静淡泊、进退自如，他在洛阳的活动把自己弄得很狼狈，似乎总是辨不清方向，把握不好节奏。

第二次是太康十年，陆机和陆云及同郡顾荣等江东子弟入洛，时人称为"三骏"。

在洛阳的江东士人，逐渐围绕在陆机周围。因为陆机才华卓绝，门第又高，用世之心格外强烈。

有个叫吾彦的吴郡人，出自寒微，但有文武才干，身长八尺，能徒手格杀猛兽，勇力绝伦。他受到陆机之父陆抗的提拔，算起来也是陆氏的故吏。吴亡后，吾彦归降。

武帝向吾彦询问吴国灭亡的原因，他应对得体，甚至比当初薛莹的回答都要高明得多。薛莹说，原因就在归命侯亲近小人、乱用刑罚，使大臣人人自危。薛莹在回答时用了孙皓降晋后被封的带有羞辱性的爵位"归命侯"，这表示剥离了与孙皓曾经的君臣关系。而吾彦则说："吴主英俊，宰辅贤明。"称孙皓为"吴主"，而非"归命侯"。

武帝笑道："既然君明臣贤，为什么还亡国了呢？"

吾彦说："此乃天意，不是人力所能定的。"

他恰当地表示了对孙皓作为故主的尊重，又承认了武帝灭吴的正当。

武帝又曾问："陆喜和陆抗，二人谁更优秀？"

吾彦说："道德名望，陆抗比不上陆喜；立功立事，陆喜比不上陆抗。"

在吾彦看来，这只是客观评论；而在矜惜家族声誉的陆氏子弟看来，吾彦未免失敬。

吾彦对陆机兄弟有过丰厚的馈赠，陆机准备接受。陆云不答应："吾彦本来出身微贱，受我们父亲的提拔才有今天，但是他的答诏很不好，怎么能接受！"陆机就没要，因这个缘故，经常在江东士人的圈子中说吾彦的坏话。

有个叫尹虞的长沙孝廉劝陆机等："自古由微贱而发达的，岂止公卿，帝王都有不少，人们可没讥讽。你认为吾彦的答诏不妥，为此诋毁不休，我担心南人从此都将离你而去，你便成孤家寡人了。"陆机这才作罢，不再说吾彦的不是。

从尹虞的话可见，平素环绕在陆机身边的江东士人应有不少，陆机俨然是居洛的南人核心，所以陆机对诋毁吾彦可能造成声望下跌的后果很在意。

陆氏兄弟的声望在南人心目中一向颇高。据说吴兴周处，少时不拘小节，凶狠霸道，为乡里所厌弃，自感羞愧，就跑去找陆氏兄弟开解。恰巧陆机不在，只见到了陆云，陆云勉励他改过自新。

这故事尽管只是传说，不合史实，但从侧面反映出陆氏兄弟在原来孙吴地区的社会影响力，人们敬重这对兄弟的德行和智慧，愿意从他们这里得到明智的教导。

作为南士之核心，陆机没有忘却他的角色，利用各种契机，积极向朝廷各方举荐江东士人。

丹阳纪瞻，祖父纪亮做过孙吴的尚书令，父亲纪陟做过光禄大夫；吴亡后，举家迁徙至历阳，后举秀才，时任尚书郎的陆机对他进行策问。纪瞻少与陆机兄弟关系亲善，陆机被杀后，纪瞻很周到地照顾陆机家人。陆机女儿后来出嫁，纪瞻所送的陪嫁与自己的女儿相同。

会稽贺循，其父贺邵任过中书令，后为吴主孙皓所杀，全家都被流放到边郡。

吴亡后，贺循得以返回本郡。刺史嵇喜举荐他为秀才，先后出任阳羡、武康两县县令，虽有政绩，但朝内无人援引，长久得不到升迁。在朝任著作郎时的陆机，上疏举荐贺循，为贺循这样的江南士人的沉滞而抱屈，说扬州无郎、荆州江南无一人在京为官，这种情况的确不符合圣朝待四方的本心。过后，朝廷召补贺循为太子舍人。司马伦篡位，转为侍御史，后以疾病去职。贺循后来在东晋政权中出任要职。

广陵戴渊，其祖父戴烈曾任孙吴左将军，父亲戴昌任过会稽太守。他少时好游侠，轻薄无行，曾经率众在江、淮间袭劫商旅。陆机销假赴洛，行装很厚，恰好遇上了戴渊带领党徒拦道抢劫。陆机见戴渊靠在胡床上，指挥同伙，处置得宜，虽然干的是不法之事，但神气不凡，知是非常之人，于是和他定交，并向赵王司马伦举荐其人，在推荐信中，陆机对戴渊评价非常之高，说他是东南的遗宝、宰相的苗子。司马伦果如陆机所荐，用为沁水令，但戴渊不愿趟司马伦的浑水，不就。日后戴渊亦成长为东晋名臣。

总之，陆机不失时机，积极举荐江东地区贤才入仕。他很珍视自己作为江东士人领袖的角色，他要为南人争取在王朝政治版图中的位置。所以，他介入洛阳政治派系斗争也就非常深。

陆机不识机

杨骏和贾谧的相继垮台并未牵连到陆机，相反，他还从中受益，接近到了司马伦，似乎离权力的中心更近了。但好景不长，司马伦随即身败，令陆机又切身体会了一把宦海的凶险。

齐王司马冏执政，为表明他起兵的合法性，要追究为司马伦篡位奔走出力者的责任。这个大石头向陆机砸过来了——因为他当时就职中书省，像九锡文以及禅让诏书等一系列为司马伦吹捧、造势的文件的出台，与他或或有千丝万缕的关系，他难辞其咎。所以陆机等九人被收捕，交付廷尉。

陆机文章盖世，然而用文才为司马伦帮闲，不仅失节，而且不智。看不清形势的变化，与司马伦纠缠过深，轻易地把自己陷在泥潭里，弄得灰头土脸不说，还带来危险。

不过，像陆机这样的事情，说大可以很大，说小也不值一提，就看有没有足够分量的援手。譬如刘舆、刘琨两兄弟，与司马伦的关系要比陆机深得多，而且刘琨还领军与义军对战，算是司马伦集团的核心班底了，但齐王最终并未追究。一是这两兄弟在人际关系的处理上有他们不凡的能力，很擅长赢取人的好感和亲近；二是他们在洛阳人脉深厚，帮他们说话的人多，齐王不能不卖人情。所以，这两兄弟非但无事，而且还升迁了。

相对于刘氏兄弟的顺畅，陆机的命运稍有波折。他的根基显然不够深广，他的性格显然不够圆熟，所以一开始就遭到清算。

所幸的是，有两个大人物出面：一个是吴王司马晏，一个是成都王司马颖。这两人的地位不必多说，尤其是成都王司马颖，在倒司马伦一役中表现不俗，令世人刮目相看，威望蒸蒸日上，俨然被视为拯救危局的关键人物。他们出面说情，齐王是要给面子的，陆机得以减免死罪，只被判处流放边境。这不过是个幌子，不久遇到大赦，流放的事也就戛然而止。

从这一系列的波折来看，陆机应该不适合从事复杂的政治活动。他被齐王追责，此事虽未成，但无异于对他的一次严重警告，提醒他适时而退，最好远离洛阳的是是非非。

据说陆机有头爱犬，名叫黄耳。陆机寄寓京华，很久没有华亭家乡的音信，笑着对黄耳说："我家音讯断了，你能带家书回去并取得回信吗？"黄耳摇着尾巴，发出声音，表示可以。陆机就把家书放进竹筒里，系在黄耳的脖子上。这头伶俐的骏犬一路往南方走，居然找到了陆家，接着又把回信带回了洛阳。其后用黄耳带信往返京城和家乡便习以为常。这事当然子虚乌有，不过指向很明确，就是陆机羁绊太多，踏上不了回家的路。

齐王司马冏执政后，没有刷新政治的作为，种种做法一如司马伦，朝廷的局面并无改善的迹象，依旧乱糟糟的。这也说明：齐王本质上同样是个政治投机客，而非改天换地的英雄豪杰；之所以能成功取代司马伦，不是本身有多大的能耐、多高的品行、多好的声望，而是恰好迎合、利用了人们对司马伦的普遍憎恶。所以，当看到司马冏无法振衰起敝，舆论彻底失望了。

齐王一意孤行，任性妄为，同样走上了自取灭亡的路，只不过是时间早晚的问题，许多明眼人觉得世事已不可为，有了脱身自保的念头。

尤其是一些南士。如顾荣，正任齐王的大司马主簿，眼看齐王擅权，骄纵放肆，担心引祸上身，所以成天喝得昏天黑地，不干正事。

可装醉也不是个长久之计，顾荣把苦衷告诉友人冯熊。冯熊为他解了这道难题，游说齐王亲信、长史葛旟："用顾荣为主簿，是为了选拔有才华、有名望的人，委以重任，而不计较南北、亲疏等因素，令天下人打心眼里觉得齐王用人公平。现在齐王的大司马府事务繁重，不是顾荣这样的酒客所能胜任的。"

葛旟说："顾荣是江南名士，而且在这个职位上为日不长，不宜轻易地代换他。"

冯熊说："可以转为中书侍郎，这样顾荣既没有失去清显的职位，王府又可以收罗真正的人才。"

葛旟以为然，如冯熊所言操作。顾荣一转为中书侍郎，便不再饮酒废职。有人觉得奇怪："为什么以前醉醺醺的，而现在却清醒得很？"顾荣怕齐王怪罪，于是装到底，又喝起来。

顾荣是以酒自晦，全身避害。

更清醒、更坚决、彻底的，是吴郡张翰。张翰有文才，为人放荡不拘，号称江东阮步兵，被时人归为阮籍一流的人物。

张翰任齐王的大司马东曹掾，对顾荣说："天下纷纷扰扰，祸难消停不了。名扬四海的人，求退确实挺难的。我本山林中人，没有声望的负担，对当世也不抱什么期望。你有智慧，既能预防在前，又能善后。"顾荣拉着他的手，凄怆地说："我也想与你采南山之蕨，饮三江之水。"

张翰见秋风起，想起了吴中家乡的菰菜、莼羹和鲈鱼脍，不禁感叹："人生贵在过得适意、舒服，何必被做官耽搁了，以至于在数千里外追求爵禄呢！"于是挂冠归去。他的确看得开，也放得下。这是个极著名的故事，引发后人无穷的感慨，南宋词人辛弃疾《水龙吟·登建康赏心亭》词就反用该典，叩问自己："休说鲈鱼堪脍，秋风起，季鹰归未！"

顾荣和戴若思等人，都力劝陆机回吴。不过，陆机还是丢不下。他自恃才华和名望，按捺不住跃跃欲试的冲动：如能一试身手，扭转时局，匡救世难，这可比为文、赋诗、论史、吊古、议政、立言、著说，要痛快得太多，更何况还能建立与令他无比敬仰的父、祖一般辉煌的功业，重振吴郡陆氏的家声！

陆机想再看一看。尽管这十多年来，他目睹了杨骏的被杀，汝南王司马亮的被杀，贾后的被杀，贾谧的被杀，张华的被杀，司马伦的被杀，尽管他自己也几乎被杀。但他还是想等等。

齐王司马冏，经由陆机的冷眼旁观，断定此人了无希望，不足依赖。陆机还写了《豪士赋》来讥讽司马冏，文中把道理说得很透彻：人生在世，要么是立德，要么立功。立德，在乎自己，而立功则取决于客观形势。既然立功取决于客观形势，所以事实往往是，斗筲之人，也可成就辉煌的事业，只要条件允许。但那些创造了大事业的人，又多骄傲自大，以为是其才干所致，看不出功在身外的道理。如果这样的人代替君主，制订法令，裁处政务，往往很危险。因为广泛树恩，是不足于压过仇怨的；勤于兴利，是不足以弥补损害的，所以像老子所说的——代大匠斫者，必伤其手。考诸历史，即使兼具德行、功勋、亲缘和忠诚等这些难能可贵的因素，只要处在高位上，都很难取得人主的信任，都很难平息舆论的谤议，更何况是贪名冒进、以短才而轻视圣哲所难为的人。所以，最不明智的情况，是"身危由于势过，而不知去势以求安；祸积起于宠盛，而不知辞宠以招福"。

陆机冷眼旁观，指的是齐王，其实何尝不是近十年来洛阳这个大剧场反复上演的剧情呢！尤其指出广泛施恩也不足于压过仇怨这一点，可谓一针见血。

杨骏施恩，汝南王司马亮执政亦如此，赵王司马伦不惜名器、到狗尾续貂的荒唐境地，一样没有挽回被攻倒的命运，现在齐王司马冏还继续走这条路。这其实充分暴露了他们的无能、无力与无奈，他们身在居中却不自知，还陶醉于"神器晖其顾眄，万物随其俯仰，心玩居常之安，耳饱从谀之说"的良好感觉中。

陆机既然认识得这么清楚，那么他自己有没有从这一叙述逻辑中发现自己其实也置身于其内呢？这不好说。

陆机认为齐王终究是成不了事的，而此时冉冉升起的成都王司马颖，令他又升起了诺大的希望，燃烧了他炽热的功名心。

回不去的故乡

成都王在卢志的推动下，塑造了推让功勋、礼贤下士、仁义为怀的公众形象，这种形象在杨骏以来的一连串当权者中，是极为罕见的。多年来，人们见惯了各路野心家你方唱罢我登场，赤裸裸地抢来权力，然后又被夺走，从未见过成都王这样为而不恃、功成而不居的有道宗王，所以特别倾心。

陆机也有同样的看法，何况成都王对他还有保全之恩，如果不是成都王出面，陆机可能命悬一线，就凭这个，都感念不已，要知恩图报的。再说，如今朝廷屡生变难，已千疮百孔，尤其需要众望所归的有德者出来力挽狂澜、安定天下、再造晋室，环顾宇内，恐怕也只有成都王担得起这个重任。

所以陆机不再犹豫，毅然改换门庭，投靠了成都王，还赠以《园葵》诗：

> 种葵北园中，葵生郁萋萋。朝荣东北倾，夕颖西南晞。零露垂鲜泽，朗月耀其辉。时逝柔风戢，岁暮商飙飞。曾云无温夜，严霜有凝威。幸蒙高墉德，玄景荫素葵。丰条并春盛，落叶后秋衰。庆彼晚凋福，忘此孤生悲。

葵，是当时人们日常生活中食用的主要蔬菜。本着就近取譬的原则，诗歌中也经常出现葵。在这首诗里，陆机以葵自况，自叹有“孤生”之悲。“孤生”两字，殊可玩味。人在洛阳的陆机，尽管出身高华，可这毕竟是自抬身价，只能说明他的祖上曾经阔过，聊以自慰而已；就现状而言，他在司马氏的王朝，根本没有根柢，他只是胜利者用以装饰门面、显示盛德的战利品。“孤生”，可谓他在洛阳处境的写照，以此之故，就难以抵御柔风、严霜之类的外力的侵袭。在这种情况下，司马颖的意义非凡——“幸蒙高墉德，玄景荫素葵”，司马颖是他生长的强大依靠。

陆机又想借助于司马颖来成就他自己，而司马颖对陆机很器重，上表为陆机请平原内史，又参大将军军事，一时间成了司马颖最倚重的腹心，这种宵升的速度以及受任的程度，要超过追随成都王良久的旧人。

太安二年（303），成都王与河间王联合发兵讨伐占据洛阳的长沙王，给予陆机后将军、河北大都督的头衔，督率北中郎将王粹、冠军将军牵秀等二十万军队，杀向洛阳。有了这难得的专兵的机会，终于能够以剑代笔、大试身手，上疆场斩将搴旗、建功立业了。

但陆机反而踌躇起来。一是考虑从他们祖父陆逊起，到父亲陆抗，以至于今时他自己，算起来总共三代为将，这是道家深为忌讳的。二是异地为官，获得非同寻常的提拔，突然高居成都王众多宿将之上，王粹、牵秀等人皆不服气，陆机没有把握驾驭得住这些骄兵悍将。所以，他坚决向成都王辞去都督一职，成都王不许。

成都王为陆机鼓气以壮行，许诺："如果大功告成，当封以郡公的爵位，宰辅的官职，将军好好努力吧！"

陆机还是忐忑不安："当初齐桓公任用管仲，才建立了九合天下的霸业；而燕惠王猜疑乐毅，才功败垂成。今天的事，关键在于公，而不在于我。"

为成都王出个不少主意、立过不少功劳的谋臣卢志，与陆机一直龃龉不合，当初在洛阳时两人便有过激烈的交锋，此时发话："陆机自比管仲、乐毅，而把您拟于昏昧的君主，自古命令大将出师，没有臣凌驾于他的君主之上而可以成事的。"

成都王默然。默然不是个好迹象，说明成都王对陆机的信赖并不是稳定的。

不祥的事还有。陆机刚开始领军，而象征统帅的牙旗就被大风折断了，这个兆头不好，内心甚是不悦。

不过，当大军出征，浩大的场面、雄武的气势，令陆机迅速摆脱了内心的不悦。军队从朝歌到河桥，鼓声响彻数百里，旌旗如云，甲光向日，据史书记载，汉、魏以来，出师从来没有像这样气盛的。

然而，盛大的阵容只是泡影，在实际交战中立刻被戳破。长沙王与陆机交战于洛阳的建春门，陆机惨败，退至七里涧，尸体堆积如山，水流都被遏断了。

仗一打败，原本积压的各种内部矛盾就压不住了。成都王宠信一个叫孟玖的宦官，当初孟玖想让他的父亲为邯郸令，卢志等人都迎合而不敢违抗，唯独陆云坚决反对，说该职位只有公府的掾属方有资格出任，没有用宦官父亲的道理！这既拂了孟玖的意，还羞辱了他，因此对陆氏兄弟怀恨在心。

孟玖之弟孟超也在陆机军中，统率万人。他依仗兄长的势力，任性妄为，还没开始打仗，就放纵手下公然抢劫。陆机身为主帅，自然不能坐视不理，为申明军纪，收捕带头者。

孟超自恃有哥哥撑腰，完全蔑视陆机的权威，眼里根本没陆机这个主帅，率领铁骑数百人，直接从陆机手里把人抢了回来，并且挑衅："你这个野兽一样的奴子，还能做主帅吗！"

司马孙拯劝陆机把孟超杀掉，但陆机迟疑不决。这边孟超不像陆机顾忌多，看到矛盾已经公开，干脆一不做二不休，要彻底整死陆机，不仅当众诬称陆机将要造反，还给后方的孟玖写信，声称陆机怀有贰心、徘徊瞻顾，所以没有速战速决。

等仗又打起来，孟超拒不受调遣，轻兵冒进，结果战败而死。孟玖怀疑弟弟是陆机杀掉的，于是乎新账旧账一起算，向成都王诋毁陆机与长沙王暗通款曲，有背叛的心思。

牵秀、王阐、郝昌、公师藩等在前线的将领，素来与孟玖交好，他们共同出面指证陆机。前线指挥部分裂成这样，这已不仅仅是陆机有没有背叛的问题，而是要成都王在陆机和众将之间做出选择。

牵秀与陆机，本来同列贾谧的二十四友，曾经诗酒风流，算是同道中人，有故旧之谊；如今这个时候，两人却变成了对立面。

陆机与长沙王临阵之际有来往，应该不是凭空捏造之词。长沙王在给成都王的信里直言不讳地提到："卿所遣陆机不乐受卿节钺，将其所领，私通国家。"陆机并没有择贤固从的政治伦理，他先后搭上过杨骏、贾谧、司马冏、司马伦等人，本就好入权贵之门；对成都王，有过感激，但无忠诚；有过期望，但不坚信。长沙王虽然势力相对单薄，但控制朝廷，有名有分，加之善战，能得人心，难保陆机没有留个后手的想法。

种种消息传递过来，把成都王对陆机的信赖给摧毁了，他勃然大怒，命令牵秀秘密收捕陆机。收捕前的那天晚上，陆机梦到黑色的帷幔把他的车子缠绕得严严实实，用手怎么也撕不开。第二天天一亮，牵秀就来收捕他了。

　　陆机倒很镇定，换上便装，被带去与牵秀相见，神色自如，说："自吴朝倾覆，我们兄弟宗族蒙国家的重恩，内则参赞军机，外则掌握兵权。成都王委我以重任，我推辞不了。现在被诛杀，这难道不是命么！"

　　临死前，陆机给成都王留下了一封言辞凄婉、悱恻的书信。陆机才大如海，辞藻宏丽，为一代之雄，最后的书信，作为绝笔，自然情辞并茂。可惜的是，成都王素不知书。

　　陆机被杀于军中，时年四十三，同时遇害的还有两个儿子陆蔚、陆夏。陆云也被收捕，成都王属官江统、蔡克等人极力营救，成都王犹豫了三天，卢志落井下石，提醒如果放过陆云，可能日后遭到反噬。

　　蔡克在成都王面前，叩头流血，为陆云辩诬，僚属中随蔡克进来的有数十人，都流泪坚决请求，成都王于心不忍，露出了想要宽宥陆云的脸色。

　　孟玖眼见情形不对，怕有变化，赶紧把成都王扶进内室，催促杀陆云。这就无力回天了，陆云死时四十二岁。

　　司马孙拯也被孟玖收捕入狱，遭刑讯逼供，但绝口不顺着孟玖往陆机身上泼脏水。他的门生费慈、宰意到监狱要为他洗冤，他劝两人："我必须坚守道义，绝不可污蔑、冤枉我的知交故人，你们不该再这样了。"二人说："我们怎么能背负您呢！"孙拯于是死于狱中，费慈、宰意也跟着死了。

陆机回不了头。事实证明，文人的角色设定使他不适合玩这样高难度、高风险的权力游戏，尽管他很向往，且自以为擅长。

但是有人喜欢，也真擅长，这种纷乱的局面，对他们来说，是久已盼望而不得的天赐良机。他们犹如被困在笼子里的猛兽，早已烦闷，是时候该出笼舒啸了。

九 虎兕出于柙

局面动荡不安，如同一台巨大的吸风机，把越来越多、各有居心的人统统吸进来，汇入不断升级的争斗中。

有的人生机勃勃，活力四射，受不了安分守己的平庸生活，但社会的稳定秩序、固化结构限制了他们生命能量的爆发；而大规模的社会动荡，则给他们创造了释放天性、满足雄心的客观条件，沧海横流，适足以显现他们的本色。他们在这样的环境中，简直是如鱼得水。

在西晋的全盛期，野性十足的诸胡族被朝廷严加防范，朝廷有足够的实力来弹压，他们也不敢轻举妄动，潜伏忍受。政变你来我往，内战持续扩大，朝廷自身也摇摇晃晃，失去了权威，削弱了力量；各方实力派们一个个都杀红了眼，没人甘于失败，都想成为胜者，于是积极寻求、笼络、接纳、动员能够利用的力量。彪悍的胡族，被各方盯上了，他们不再是必须被监控的异己者，而是争相援引的生力军。这也给了胡族绝好的契机，他们被关在笼子里太久了，如今终于要被放出来。

国中方乱不足还

　　巴是一个古老的民族，自周、秦以来，便定居于嘉陵江上游地区。秦政府对巴人比较优待，只收取他们的人口税，每户一年四十文。巴人把"赋"称为"賨"，所以他们又被称为賨人。东汉末年，张鲁据汉中，以五斗米道吸引民众，巴人素信巫觋，多投奔张鲁。曹操克张鲁、取汉中，把巴人迁徙到略阳。略阳本是氐人的聚居区，巴人迁来，又被称为"巴氐"。

　　自永熙元年（290）起，关中地区便连年有旱灾。元康七年（297），秦、雍两州又大旱，疾疫流行，关中大饥荒，米一斛至万钱。因此酝酿出了氐人、羌人的反叛，雍州刺史解系镇压失利，也被杀害。饥荒和疾疫接连到来，朝廷也无力赈济。秦、雍两州包括氐人和巴人在内的数万家民众，为了生存，成了流民，迁到梁州、益州地区。秦、雍地方上有几个大姓，如李、任、阎、赵、何、杨、费等氏，本就很有影响力，他们也加入了流亡的队伍，逐渐成为这批流民的领导者。而在诸大姓中，以李氏中的李特最为杰出。

　　李特也是巴人，青年时仕州郡，就令时人觉得不是凡夫俗子。他身材高大、威猛，善于骑射，性格沉毅，度量宽宏，似乎天生就有领袖的气质和能力。

　　李特随流民入蜀，到了剑阁，箕踞叹息，回看险峻的地形，说："刘禅拥有这样的地方，却被人反绑着手而投降，难道不是庸才吗？"同行的阎式、赵肃、李远、任回等都被他的豪气折服。

起初流民们到汉中后，上书朝廷，要求寄食巴蜀，朝廷不允许，派遣侍御史李苾来慰问，同时监察，不许流民入剑阁。李苾接受流民的贿赂，向朝廷建言，允许流民入蜀。朝廷采纳了，流民得以散落在益州、梁州，从此再也禁止不了。

永康元年（300），朝廷征召益州刺史赵廞为大长秋。其时赵王司马伦发动政变杀了贾后，操持朝政，而赵廞正好是贾后的姻亲，担心回朝会被清算。他见晋室内部自相残杀，衰乱之势已成，有像当年刘备割据蜀地一样的志向。

为了笼络人心，建立群众基础，赵廞下令打开仓库，赈济流民。在与流民打交道的过程中，李特令他刮目相看，遂予以厚待，想用李特为爪牙，赵廞还杀掉了前来接替其益州刺史的成都内史耿滕。

赵廞遂自称大都督、大将军、益州牧，李特的三弟李庠等率四千骑投归。李庠年轻时便扬名乡里，屡被举荐，曾到洛阳就任中军骑督。他认为洛阳正乱，不宜久留，称病离职。其人性任侠，好扶危济困。与流民共入蜀时，道路上碰到饥饿生病的，不吝伸出援手，由此大得人心。

赵廞曾与李庠讨论兵法，无不称善，每每对亲信左右说："李庠，也是一时之关羽、张飞。"从这话可见，赵廞隐然以刘备自诩了。但赵廞见李庠晓畅军事，指挥得宜，号令森严，行阵整齐，担心驾驭不住，动了杀心。想当刘备，却又没有刘备的气量。长史杜淑、司马张粲也在旁提醒："非我族类，其心必异，倒戈以授人，窃以为不可。"都是一伙心胸狭隘、疑神疑鬼的人。

赵廞于是找了个由头，宣称李庠大逆不道，讲了人臣不该讲的话，把李庠及其子侄宗族三十余人全部杀掉。

李特见兄弟惨死，怨恨赵廞，秘密集合了七千余人，进攻成都。一心想割据蜀地的赵廞惊惧，失去方寸，不知所为，部下纷纷逃散，他独与妻子乘小船逃到广都，为从者所杀。

李特进了成都，纵兵大掠，杀了一批赵廞委任的官吏，并派使者到洛阳，向朝廷申述，控告赵廞的罪状。

李特内心中也不是没有自立的志向，只是他以流民领袖的身份客居蜀地，各方面条件此时都还不成熟，尚不敢公然与朝廷决裂。再加上赵廞谋叛在先，他起兵征讨，还算师出有名，所以对朝廷还有一定的信任。

朝廷不会任由蜀地虚空无主，新派了益州刺史罗尚，督广汉太守辛冉等七千人入蜀。

李特听说罗尚等前来，甚是惊惧，不明白朝廷的真正意图，先做出示好的姿态，令其弟李骧奉迎，并且献上了大批珍玩宝物——罗尚的贪婪是有名的。然后和四弟李流再以牛酒犒劳罗尚的大军于绵竹。

辛冉等人劝罗尚就此除掉李特，以绝后患。他们认为李特专为盗贼，信不过。罗尚不听。

辛冉和李特相熟，有交情，在叙旧时说："故人相逢，不是福就是祸。"这话说得云山雾罩、高深莫测，李特不由得大起疑心，惶恐不安。

为了一举消除流民的隐患，朝廷下令秦、雍两州，把各自流亡到蜀地的民众召回来。李特还有个兄弟李辅，一直留在略阳家乡，以奉令接家人返乡为理由，赴蜀，对李特说，国家已经溃败不堪，我们恐怕是再也回不去了。李特深以为然，更加坚定了雄踞巴蜀的想法。

当然，李特行事非常慎重，尽管有割据称雄的强烈想法，可是做起来，完全视情况而定，该行则行，该绕则绕，该低头则低头，该妥协则妥协，他不是头脑发热、只求过把瘾的权欲熏心的莽夫。

朝廷要安抚流民，以赏讨伐赵廞功劳的名义，封李特兄弟为将军、侯，又令益州官列出流民中的有功者，要一并封赏。

谁知辛冉有私心，想把灭赵廞之功据为己有，按下了朝廷的旨意，没把实情上报，这引起了流民的普遍怨恨。朝廷的政策，被底下官员给耽搁了，流民中本来可以被消解的情绪，反而遭到激化。

其实，流民最开始的诉求非常简单、朴实，就是逃到相对富足的蜀地，能有口饭吃，活个命，无论干什么苦活儿都能接受。但客居异乡，遭遇诸多不便，由于生存需要，必须抱团，因此被有威望的大姓组织和武装起来，形成了一股值得警惕和重视的力量，也被不可免地卷入复杂形势下的各方博弈中。

益州刺史罗尚督促流民，限七月上路返乡。辛冉贪婪残暴，打算就此杀掉流民领袖，抢夺他们的资产。他一方面发布文告遣返流民，一方面令梓潼太守张演在各要塞广设关卡，搜刮流民的财物。

李特代表流民，一再要求暂缓期限，等秋收后再上路。流民们分布在梁、益地区，为人当帮工，听说政府强令遣返，人人愁怨，不知该怎么办，又得知李特兄弟频频向当局为他们争取，都很感激，对李特有了依赖感。当时雨季就要到来，庄稼还没收割，流民们就是上路也没有资费，于是一起找李特。李特就在绵竹建立大营，安置流民。政策制定与执行的不当，使流民在不安、不满中的情绪中大规模集结。

李特找辛冉，要求宽限。辛冉大怒，认定李特是祸源，派人在通途大路上张贴榜文，悬重赏捉拿李特兄弟。

李特见后，大惧，把这些榜文全取下带回。他想出了一招火上浇油、转移矛盾的计策，与李骧更改榜文内容：把悬赏对象改为流民中的李、任、阎、赵、杨等大姓。

形势越发紧张了。流民们本就不乐意迁移，都骑马带箭归附李特，不到一个月的时间就有了两万人。

李特委派阎式直接去见主持益州大局的罗尚，就遣返期限做最后的谈判。阎式到后，看见辛冉在冲要之地营建栅栏，知道这是在为抓捕流民做准备，不由感慨："民心正在不安之际，而今却加速恶化，大乱将起了。"又了解到辛冉主意已定，无可挽回，就向罗尚辞别。

罗尚说："你回去把我的意思告诉流民们，期限可宽。"

阎式说："明公被邪说迷惑，恐怕没有宽限的道理。百姓虽然弱小，但不可轻辱。现在敦促他们返乡却不讲道理，众怒难犯，恐怕为祸不浅。"

罗尚说："我不骗你，你走吧。"

阎式回到绵竹，对李特讲明此行的观感："罗尚虽然说可以宽限，但未必能信。他没权威，辛冉等人各拥强兵，一旦有变，也不是他能约束得了的，应该及早防备。"

果不其然，辛冉嫌罗尚被李特利用，一再宽纵，担心李特兄弟有雄才，如不采取行动就来不及，决心绕开罗尚，直接派兵进攻。

李特这边厉兵秣马，严阵以待，打了辛冉军队一个伏击，取得胜利。罗尚对将佐们说："此虏势已成，而辛冉不听我的话，令贼气焰嚣张，现在该如何是好！"

经此大胜，流民共同推举李特为领袖，李特成立了军政府，置官选将，开始了进击成都之路。

此后，李特战死，其弟李流、其子李雄继续率领流民在蜀地纵横驰骋，在惠帝当皇帝的最后一年（306），最终称帝，正式建立成汉政权。蜀地脱离了晋室的掌控，直到四十多年后，时值东晋，枭雄桓温由荆州溯江而上，才一举灭掉李氏政权。

李氏兄弟、父子在蜀地率领秦、雍的流民纵横驰骋，大约几万户土著居民为躲避战乱，流亡到荆、湘地区。他们重复了李特等人的经历，反抗当地政府，曾经有八千多巴蜀流民被荆州刺史王澄全都沉进长江之中。

后来，一个有威望、才学的，叫杜弢的益州人被推举为领袖，率领巴蜀流民，转战于长沙、零陵、桂阳、豫章等地，持续了将近四年时间。类似于这样由流民组织的反政府军，还存在于南阳、青州地，只是规模远赶不上李特所发动和领导的。

像李特，的确有抱负、有才华，在他的族群以及生活地域内，享有威望，能够服众。但在国家的承平岁月，他作为的空间并不大。由于国家没有能力解决饥荒造成的社会问题，他们被迫流动以求生。当流民群体在复杂条件的制约中产生了对领头人的客观需要，李特便脱颖而出。他没有辜负时代给予他的机会，在形势的推动下，令自己一步步成长为开创基业的枭雄。

王浚与鲜卑

放辽西鲜卑人出笼的，是出身于名族太原王氏的王浚。

太原王氏在东汉时就已发达，王柔任匈奴中郎将。王柔之子王机任曹魏的东郡太守，到王机这一代，仕途上发展得最好的是王昶这一支。曹丕为太子，王昶任太子文学，所以曹丕称帝后，王昶升迁很快，也做出了很大的政绩。

王昶思想通达，教育子弟遵行儒家的教训，又践履道家的思想来折衷和平衡，所以用玄、默、冲、虚为王氏子弟命名，以为警诫。他的两个儿子王浑、王湛，分别字玄冲、道冲；为兄子王默、王沈，分别取字处静、处道。

王机之子王沈，少时父丧，由从叔王昶抚养长大，待王昶如父，待继母及寡嫂有孝义；在尊儒家之教上，表现无可挑剔。他书读得好，有学问，高贵乡公曹髦尊他为"文籍先生"，放在身边，平时一道研讨经义。在曹髦准备讨伐司马昭的非常时刻，王沈遵守了识时务者为俊杰的训诲，没有丝毫犹豫，赶紧向司马昭通风报信，事平后，以功封安平侯。经此事件，王沈赢得了司马氏的充分信任，他和裴秀、荀勖、贾充等人，成为司马氏取代曹氏的股肱之臣。西晋开国，王沈被封为博陵郡公，本来武帝准备委以重任，不过在泰始二年就去世。

王浚是王沈唯一的儿子。其母赵氏，平民出身，在王家大概没有正式的名分，所以王浚出生后，最初不受王沈的重视。王浚十五岁时，王沈去世，又没别的儿子，所以亲戚们出面立王浚为嗣，承袭了王沈的爵位。

在武帝一朝，王浚仅挂了一个散官的空衔，备员而已。惠帝元康初，蛰伏了二十五年之久、已是不惑之年的王浚，始露头角，逐次升转为东中郎将，镇许昌。

惠帝太子司马遹被贾后用阴谋废掉，幽于许昌。王浚秉承贾后的意旨，参与了谋害太子的行动。其后，迁为宁朔将军、都督幽州诸军事。

幽州下辖范阳、燕两国，以及北平、上谷、广宁、代、辽西等五郡，境内有诸多鲜卑、乌桓部落，是民族关系比较复杂的地区。

王浚到幽州后，见天下不太平，烽烟四起，考虑自身的安危，想利用胡族的勇悍绝伦的武力，便把一个女儿嫁给鲜卑段部的首领务勿尘，一个女儿嫁给乌桓首领苏恕延。有务勿尘和苏恕延的强大实力为后盾，王浚踌躇满志，坐北向南，观望起洛阳的形势变化。

赵王司马伦篡位后，齐王等诸侯起事。王浚坐拥强大的实力，选择坐山观虎斗，暂不掺和双方的事，拒绝齐王的檄文，禁止幽州境内的士民响应。成都王气愤不过，动过征讨的心思，只因鞭长莫及，暂没行动。而王浚也有心并吞成都王。

不久司马伦事败被杀，王浚进军号为安北将军。其后，成都王和河间王联军攻长沙王，王浚却坐不住了，想乘乱取利。

此时成都王在邺城遥控朝廷，可以腾出手来对付王浚了，就把自己的右司马和演与幽州刺史石堪对调，密令和演相机诛杀王浚，再夺取他的军队。

和演与乌桓单于审登谋划，约王浚到蓟城外游玩。和演的打算是，把扈从的仪仗队同王浚的合在一起，趁便解决王浚。孰料好运降临王浚身上，当天正好下起大暴雨，兵器全被打湿了，行动只好取消。

这个审登单于，很迷信，见谋划好的事因天气的原因而功败垂成，以为是上天襄助王浚，而违背天意是没好结果的，担心继续与和演搅合下去，免不了要遭天谴，就向王浚告发。

王浚得信，秘密把军队布置好，与反水的审登一道围攻和演。和演被杀得措手不及，见审登也临阵倒戈了，只好持白幡投降。王浚可没妇人之仁，把和演杀掉，并自领幽州。这下和成都王算是势不两立了。

王浚不再游移不定，把斗争目标对准了成都王。永兴元年（304），他一方面大造器械，做好战争准备，召集务勿尘，另一方面联络上了东海王司马越之弟，并州刺史、东嬴公司马腾，集结了胡、晋两万人马，直指邺城，讨伐成都王。

鲜卑铁骑的战斗力甚至连匈奴人都忌惮三分。这支军队由北南下，浩浩荡荡，势如破竹，所向披靡，把成都王的军队打得溃不成军，一举攻克邺城。

鲜卑人打仗勇猛，劫掠起来也不含糊，大肆掳略妇女。王浚下令斩杀敢于私藏妇女的，丢进易水淹死的有八千人。百姓们饱受战争的荼毒，便是从王浚这次引鲜卑、乌桓军队南下攻打邺城开始的。

经此一役，王浚正式涉足中原的内乱，成了事实上割据一方的地方军阀。他控制下的鲜卑、乌桓军队，足能改变内战各方力量的对比。

永兴二年（305），王浚借鲜卑突骑八百给刘琨，本来吃败仗连父母也被俘虏的刘琨，得到了鲜卑兵，顿时实力大增，杀过黄河，连战皆捷，因功被封广武侯。东海王司马越与河间王大战，王浚又委派将军祁弘率领鲜卑、乌桓突骑作为司马越的先锋，攻入关中，从长安迎惠帝回洛阳。

王浚以为凭借着他所控制的鲜卑和乌桓铁骑，可以争雄天下，却不知他们的野心一旦被释放，也在利用这样的机会准备乘势而起。

蛟龙终入海

本来，邺城应该不至于被王浚轻易攻下。成都王也不是不具备抵抗鲜卑人的潜力，他身边有匈奴人的领袖刘渊。

刘渊，字元海，是匈奴人，却姓刘。因为当年刘邦把一个宗室女充为公主，嫁给了匈奴单于冒顿，并且约为兄弟，冒顿的子孙便以刘为姓。刘渊之父是刘豹，匈奴左贤王，曹操把匈奴分成五部，刘豹为左部帅。这五部匈奴，均分布在汾水之滨。

刘渊自小英慧，七岁时丧母，捶胸顿足，痛哭流涕，极度悲伤，感动四邻。这完全是汉族名教中人的做派。时任司空的太原王昶等并州名人，听说后都很嘉赏，遣人吊唁。

少年时代的刘渊好学，随上党崔游学习《毛诗》《京氏易》及《马氏尚书》。崔游是当世大儒，儒术甄明，恬淡谦退，从小到大，未尝说过钱财的事。儒家经典中，刘渊尤好《左传》《孙吴兵法》，至于《史记》《汉书》和诸子等，无不通观。他所接受的，是一般贵族青年皆有的正统教育。

他志向远大，曾对同学朱纪、范隆等谈起读历史的心得："我每次读史书传记，经常鄙视像随和、陆贾这样的文士没有武功，周勃、灌婴这样的武夫没有文才。道是由人来弘扬的，一事不知，本是君子所引以为耻的。随和、陆贾幸遇高祖，但不能立功封侯；绛侯、颖阴侯归属文帝，但不能开创教化的美业。真是可惜！"从这话可见，文教与武功，这两手他都要抓，这两手他都想硬。而且，他自认为读书已有得，该转向武事了。

匈奴本就是马背上的民族，善于骑射。刘渊在这方面上手更快，骑射击刺，妙绝于人。有趣的是，刘渊先学文，再习武；是在文武不能偏废的认识下，特意以武来平衡文。他没把自己当匈奴人，或者说他的民族认同首先不是匈奴。

其实，当时天下纷乱，打仗是常事，尚武之风，在士族里也盛行。曹操说他青年时代是冬春射猎、秋夏读书，曹丕则是深藏不露、偶尔显峥嵘的剑术高手。随着士人的逐渐贵族化，大大发展了文艺的一面，日渐放弃武事。到南朝后，一个个讲究衣着，涂脂抹粉，出入靠人搀扶，把自己弄成飘然的神仙的样子。这个阶层整体的精神面貌便萎靡不振了。

曹魏末年，刘渊作为任子（即人质），留在了洛阳，得到司马昭的厚待。对刘渊这样雄才大略、英气十足的人来说，长期待在洛阳，未尝不是一个契机，可以充分观察、熟悉、了解王朝的虚实。站在王朝之外仰望王朝，可能会震慑于它的庞大和富饶；而在王朝的心脏地带近距离触摸王朝，就可以平视了。

刘渊与太原王氏关系密切，王浑待他如友，并令其子王济拜他。西晋开国后，王浑多次向武帝提起他。这引起了武帝的好奇，召来交谈，很是称心，认为刘渊不凡，气度识见要超过春秋时代助秦穆公兼并西戎的由余，以及西汉时本为匈奴休屠部太子、降汉后备受武帝宠信的金日磾。

王济趁机提议委刘渊以重任，领军平定孙吴。但遭到孔恂、杨珧的强烈反对，理由是非我族类、其心必异，刘渊才华当世难有匹敌，如果由他平吴，届时坐拥江东，再难控制。这个理由说服了武帝。

武帝泰始、咸宁时，河西鲜卑人秃发树机能起事，西北骚动。上党李憙又举荐刘渊率匈奴五部众前往平叛。孔恂依然反对："刘渊如能平定凉州，斩树机能，恐怕凉州刚开始有难。蛟龙得到云雨，就不再是池中物了。"武帝掂量再三，不愿冒险，此事告罢。

连着两次可以一显身手、满足建立功业雄心的机会，都被无形的隔阂所抑制，刘渊愤懑了。

友人王弥从洛阳返回乡里，刘渊为他践行，借其酒杯浇起了自己的块垒，哭诉久抑的委屈："王浑、李憙是我的同乡，了解我，所以经常推荐我，可有人也因此向皇帝进谗言，这并不是我所希望的，反而足以危害我。我本就没有做官的想法，惟你明白。恐怕要死在洛阳了，永与你分别。"说着说着，情绪激昂，哽咽不已，纵酒长啸，声音浏亮，在座的人为此挥泪。这种心思，大有古之忠臣报国无门、壮志难酬的悲愤；这种神情，满是魏晋间名士率性放意、慷慨雄爽的风度。在座诸人被刘渊此番表现感动了，完全忘记了他是匈奴左贤王之子。

但有人没忘记。齐王司马攸当时正在此地，听到出现这么大的动静，派人前去察看，打探清楚后，立生警觉，随即见武帝，报告了事情始末，提出意见："陛下如果不除刘渊，臣恐怕并州日后不得安宁。"

王浑急忙为刘渊辩护："刘渊是厚道的长者，我为君王担保他没有贰心。况且大晋正要向异族表明诚信，用恩德来扶绥远人，为什么用没影子的猜疑杀掉人家的任子，这显示大晋恩德的不广！"

武帝肯定了王浑的意见，放过了刘渊。

不久刘豹逝世，朝廷以刘渊代为匈奴左部帅。朝廷刻意防范，反倒给了刘渊积累声誉的契机。泰康末，刘渊为北部都尉。他赏罚清明，禁止奸邪，轻财好施，以诚待人，五部的豪杰没有不投奔他的。非但匈奴子弟，连燕赵大地的名儒、秀士，也不远千里来与他交游。刘渊来者不拒，无不倾心接纳，这些人充实了他日后趁时而起的班底。

杨骏辅政，任刘渊为建威将军、五部大都督。这是承认刘渊匈奴领袖的身份。不过，在元康末，因部人叛逃出塞的事触犯法令而免职。成都王镇邺，看重刘渊，又表请为宁朔将军，监五部军事。

由于中枢内乱，政局动荡，原本被压制的各种力量蠢蠢欲动，要迸发了。匈奴人中德高望重的左贤王刘宣，也是刘渊的从祖，私下商议，发泄自汉魏以来被当局持续打压的不满，认为现在司马氏骨肉相残，燎原之势已成，恢复匈奴的光荣，正当其时。他们一致推举刘渊为大单于，相信上天如果不是要光大单于，断不会虚生其人。他们把刘渊看成是应运而生、带有复兴本民族的历史使命的伟大人物。

在邺城的刘渊，找了个理由向成都王请归，不被允许。于是，刘渊赶在前来送信的呼延攸之前返回，命刘宣等集结匈奴五部，并联合宜阳的诸北方部落，宣称是要响应成都王，其实准备叛乱。

随着所受的军事压力越来越大，成都王对拥有强大实力的刘渊也越来越倚重。刘渊瞅准时机，再次请求回并州，率匈奴五部前来助战。

成都王的计划是放弃邺城回守洛阳，在京师用惠帝名义号召天下。刘渊反对这个计划，因为此举是示弱，令成都王自己被动，失去了威权；并很有信心地表示，只要匈奴五部一集结，定可扫平敌手。

成都王大喜，拜刘渊为北单于、参丞相军事。刘渊终于回到了匈奴人的本居地左国城。刘宣等奉上大单于的尊号，短短二十天之内，就聚众五万人。但成都王没能守住邺城，还是逃奔到洛阳。刘渊得知消息，说："不听我的话，自取灭亡，真是奴才！但我与他有约在先，不可不救。"还是发了兵。

临阵背约，尽管打乱了刘渊的计划，但也让他看清了以成都王为代表的司马氏诸王的虚怯，看清了他们是成不了事的，因而对自己的事业更有信心。

刘宣等人则希望刘渊好好利用晋室的内乱，广泛团结鲜卑、乌桓等胡族，恢复呼韩邪单于的伟业。这是囿于狭隘的民族立场，看不到历史发展的趋势，实属目光短浅。自匈奴人从塞外内迁至塞内，事实上是在与汉民族发生深入而全面的融合。刘宣等在密谋时认为他们"自诸王侯，降同编户"，认识到了他们由松散的游牧部落转变为在大一统政权控制下的组织性更强的编户齐民。

这种转变，背离了匈奴的传统，但合乎历史的进程。这虽然没有充分尊重他们的利益，但于无形中提升了他们的文明程度。不过，他们想趁着晋室控制力衰退的空当，以简单回到过去为追求目标，殊不知，从他们入塞定居的时候起，就已回不去了。

呼韩邪早已成了历史，召唤出他的亡灵，不足以使逐渐汉化了的匈奴走到时代的前列，反而会令看似强大的匈奴五部淹没在这聪明睿智之所居、圣贤之所教、仁义之所用、远方之所观赴的广土众民中。

刘渊现在要做的，不是成为新的呼韩邪，而是新的刘邦；不是要做匈奴的单于，而是要做天下的共主。他在青年时代，都没把自己定义为以匈奴为本位的狭隘的民族主义者，到今时今日时机成熟，手握强兵，更不会满足于一个匈奴人的政治理想。

当然，他也看到自己匈奴人的印记无法抹去，晋人不会轻易地认同他。但不要紧，他还姓刘，他也读儒家经书，服膺仁义礼乐，他可以树起有着四百年基业的大汉的旗号，他要人们通过他来重新唤醒对大汉的历史记忆。

永兴元年（304），刘渊在左国城这个匈奴的政治核心地区，筑坛南郊设祭，自称汉王。他重新叙述了自刘邦以来的历史，把司马氏的自相残杀、生灵涂炭，说成上天后悔改朝换代的明证，追尊刘禅为孝怀皇帝，立汉高祖以下三祖五宗的神主来祭祀，以汉的继承人自居。

自此，刘渊开始了他在新的历史条件下的使命——用匈奴人的剽悍武力，更新汉人开创的文明世界。

他把大旗一举，加上本身实力强大，归附的人就多了。其中有两个人格外骁勇，令他如虎添翼：一个是老朋友王弥，一个是羯人石勒。

不作士大夫

王弥，东莱人，家世二千石，有才干，博览书籍；青年时代曾经游侠京师，即与京师地区有势力的豪杰们过从甚密，尽做些快意恩仇、慷慨悲歌，乃至横行不法的事。

西晋去古不远，战国秦汉之际的游侠之风还在社会上有一定影响，许多权贵子弟年轻时都热衷于此道，像曹操、袁绍等，都从事过游侠的活动。

所以，一个叫董仲道的隐士见过他后，说："你有豺的声音，有豹的眼神，这是好乱而乐祸的性格。如果天下骚乱，你不会作士大夫的。"这个评论，有点类似于当年桥玄预测曹操，都是看出来，动荡的时代对于常人可能是噩运，而对曹操、王弥之类的人来说，反而是一个可以大所作为的机会。

王弥好乱乐祸，倒不是说他真的喜欢动乱、乐见祸难；而是说，动乱灾难为常态的时代，所谓乱世，没有权威，不用循规蹈矩，有助于王弥这样生命活力强大、才智不凡的人脱颖而出，成为弄潮儿。太平的时代，往往是循规蹈矩者之福，却是对王弥们的抑制和消磨。

当初投奔刘表的刘备，暂时结束了颠沛流离、战场厮杀的日子，在荆州过上了安逸、舒适的生活，见大腿骨头上的肉长起来，慨然流涕："平时身体不离鞍马鞍，髀肉都消失了。如今不常骑马，髀肉又生出来。时光飞驰，我也快老了，但功业不建，真是悲哀。"唐人诗云："马思边草拳毛动，雕睨青云睡眼开。"皆是类似的情感。说到底，他们这样的人其实是不甘于平庸、琐细和沉静的人生。

有意思的是，类似于的面相、性格，同时代中还有人也是如此。

王敦和祖逖，在当时都是人所共称的英雄。有人说王敦是"蜂目豺声"；说闻鸡起舞的祖逖，其初心为"贪乱"。

惠帝末年，一个叫刘伯根的人，用五斗米道为号召，在东莱惤县起事，自称惤公。王弥作为东莱地区的高门中人，既不避乱，也不助剿，反而觉得机会来了，率领家僮追随，刘伯根用他为长史。

在被朝廷镇压后，刘伯根死，王弥纠集残部，逃亡到长广山；以长广山为据点，四处劫掠。王弥富于谋略，凡有行动，必先考虑好成败，以至于算无遗策。而且他弓马迅捷，力气过人，青州地区的人称他为"飞豹"。

后来王弥引兵出山，进入青州、徐州地面，与兖州刺史苟晞反复交手。即使被打败了，王弥总能召集流散，又把队伍拉起来，所以败而不溃。就这么打下去，苟晞也不能彻底剿灭他。

王弥有志气，啸聚山林当强盗、土匪，不是他所想。其后，他率领队伍转战泰山、鲁国、谯、梁、陈、汝南、颍川、襄城等郡，还攻下了重镇许昌，打开府库，取出武器。凡经过之处，大多攻陷城池，杀死官长，麾下有数万人，朝廷对他无可奈何，制服不了。

后来趁着天下大乱，王弥率军进逼洛阳，京师震动，宫城门大白天纷纷闭上。这是个大胆的计划，以乌合之众奇袭防守稳固的京师，虽然被击败了，但足以反映出王弥的过人胆色。

经此一役，王弥明白了，像他这样到处流窜，打一枪换一地，终究是流寇，成不了大人的气候。所以对同党刘灵说："晋兵还很强大，回去也没个地方安置下来。刘渊当初为质子，我与他在京师打过交道，有很深的交情。现在他称号汉王，就去投奔他吧。"

这个刘灵，少时贫贱，力气很大，能制服奔走的牛，快跑能追上奔马，尽管赢得了舆论的刮目相看，却没有举荐他的。刘灵捶拍胸口，悲愤莫名："天啊，什么时候乱起来！"这也是个贪乱、望乱的人。他们的逻辑也许是：既然在太平的年代中看不到希望，那么，唯有期望、诅咒这种压制寒门的社会快点崩溃，才是出路。

后来天下已乱，刘灵觉得属于他的时间来了，便自称将军，劫掠赵、魏地区。类似的经历和气质、价值观，使刘灵和王弥走到了一起，渡河投奔刘渊。

刘渊听说两人来投，大喜过望，派遣侍中兼御史大夫郊迎，并有书信给王弥："因将军您有世所罕有的功勋，有超迈时代的德行，所以有这样的迎接。盼望将军来很久了，我现在要亲自到将军下榻的馆所，就为您拂扫坐席、洗好酒爵，敬待将军。"

王弥见到刘渊，劝上尊号。刘渊没有立即采纳，因为时机尚不成熟，但应该打心眼儿地高兴，毕竟当初一起称兄道弟的朋友，如今不远千里率众来投奔，认准了他是真龙天子！

刘渊皇帝还没正式当，口气却很足了："我本以为将军是我的窦融，现在真是我的诸葛亮、邓禹。正如当初烈祖刘备的话，'我有将军，如鱼有水'。"

此后，王弥成了刘渊的一员骁将。

从奴隶到将军

刘渊的另一员大将是石勒。

石勒，字世龙，是上党武乡的羯人，祖上是匈奴别部羌渠的后裔。祖父、父亲都是部落的小头目。十四岁时，随从乡人到洛阳做买卖。

一个胡人少年，从小地方初到富丽繁华的京城，处处觉得新奇、有趣，由于性子野，天生不怕阔气的场子，也不懂得什么避忌和低调，开心起来，就倚靠着洛阳东面靠北的上东门，放声长啸。

洛阳是天下之中，从四方凑来的奇人异士多了，但也少见一个如此放肆的胡人少年。许多人都被吸引过去，啧啧称奇。

正好大臣王衍路过，见状也很是惊异，对左右说："刚才的胡人小子，我看他相貌，是个有非凡志向的人，恐怕将来要祸害国家。"派人飞驰过去捉他，恰好石勒已离开。

长大后的石勒身体壮健，有胆力，好骑马射箭。父亲性情粗暴，得不到人的拥护，每每令石勒代自己管理部下，石勒却深受众人的爱戴和信任。

一些有阅历的父老，均已看出石勒日后前途不可限量，劝乡人们厚待他。但这些庸人们全然当成个笑话，没在意的；唯有邬人郭敬、阳曲人宁驱相信，并加以资助。石勒也感恩，为此干活很卖力。

太安时，并州发生大饥荒，社会随之动乱，石勒和诸多为佃客的胡人逃亡走散，于是从雁门回来，依附宁驱。北泽督尉刘监想把石勒绑起来卖了，宁驱则藏起石勒，由此得免。

但这样藏匿也不是个事，石勒于是秘密去投奔纳降都尉李川，路上遇到了郭敬，在地上跪拜，哭诉又冷又饿，郭敬也流泪，把身边所带的货物全卖了，给他买食物，并送些衣服。

石勒对郭敬说："如今这大的饥荒，守穷是守不住的。胡人们饿得太厉害，应该诱引他们去冀州就食，趁机把他们捉起来卖了，既赚了钱，又可让他们有个活路，两全其美。"郭敬同意石勒的看法。

正逢建威将军阎粹，游说并州刺史、东嬴公司马腾，抓捕胡人贩卖到山东，以充军用，司马腾派将军郭阳、张隆俘获了胡人，将到冀州去，两个胡人用一个枷锁住。

石勒当时二十多岁了，也被关在其中。石勒天生是当领袖的料，胆气雄武，大概有为被晋军凌辱的众胡人出头的事，令张隆嫉恨，当成是刺儿头，所以屡被张隆虐待、侮辱。

这支晋军中将领郭阳和郭时，分别是郭敬的族兄及侄子，事先郭敬已有拜托，所以二郭时常为石勒解围。路不好走，饥饿、生病总是免不了的，也仰仗二郭救济，石勒才安然无大恙。

不久，石勒被卖给了茌平人师欢为奴。每在野外耕种劳作，石勒经常听到鼓角声。石勒把这事告诉别的奴隶，这些人也耳闻到了，就顺便说："我小时候在家乡时总是听到这种声音。"石勒当初为郭敬、宁驱耕种时，据他自己讲，每每听到鼙鼓、铎铃声，他母亲说："是耕作太劳累了，耳鸣，不是不祥之兆。"

奴隶们把这当作新闻告诉了师欢，师欢也惊诧于石勒非凡的相貌，赦免了他奴隶的身份。

总是渲染听到鼓角之类的声音，或许是石勒在隐约暗示田间绝不是他的归宿，战阵才是。极有可能是石勒自神其事，借助于他人之口，来塑造自己伟岸不凡的形象，以吸引大人物们的眼光，由此改变际遇。

师欢家临近牧场，与牧场的头儿魏郡人汲桑经常有来往。石勒找到了依托的路径，自称善于相马，结交上汲桑。石勒聚集了一帮子胡汉兄弟，号称十八骑，乘着牧苑里的马，到处劫掠，抢来财物，就献给汲桑。

永兴元年（304），成都王顶不住军事压力，丢掉了根据地邺城，失去了与群雄角逐的实力，自此穷途末路。但他在河北地区的影响力犹在，他的故将公师藩等自称将军，起兵于赵、魏间，一下子拉起了数万人的队伍，声势浩大。

汲桑便与石勒率数百骑投奔。汲桑命石勒以石为姓，以勒为名。从此时起，石勒这个名字，就好像鼙鼓、金铎，慢慢发出震耳欲聋的声音，直至响彻整个天下。

公师藩兵败后被杀，石勒与汲桑逃回牧苑，率牧人劫出郡县监狱的囚犯，又招纳隐匿在山林水泽里的亡命之徒，把这些人武装起来。汲桑自封大将军，打起成都王的旗号，把掌握朝廷的东海王司马越，作为作战对象。石勒为前锋，屡建战功，还攻下了邺城，坐镇邺城的司马腾也被杀害。

当初司马腾派军队把石勒等从并州贩卖到冀州，阴差阳错，没两年石勒就率众攻克邺城，令司马腾死于此。开始时司马腾骄傲自大，宣称曾在并州七年，胡人围城攻不下，汲桑不过是小蟊贼，不足为忧。战事不利，邺城府库空虚，而司马腾自家的家私、用度宽饶，但为人极其吝啬，城快守不住了，也不散财施惠、鼓舞士气。到火烧眉毛的地步，不得已，勉强赐给将士们微薄的米和帛，像打发叫花子一样，所以没人愿为他卖命。邺城后被收复，正值盛夏，气候炎热，尸体腐烂，不可辨识，司马腾和他的三个儿子骸骨也找不到了。

东海王感受到石勒的凌厉锋芒，遣苟晞等率军讨伐。石勒与苟晞等在平原、阳平等地相持了好几个月，打了大小三十多场仗，双方互有胜负。东海王害怕了，驻军官渡，声援苟晞。汲桑和石勒被打败，死了万余人，两人收拾残部，拟去投奔刘渊，在路上又遭遇了败仗。汲桑逃到马牧后被杀，石勒则逃到了乐平。

途穷投刘渊，是不会受到太大的重视的。石勒有算计，先转了一道弯。

有胡部的首领张䓢督、冯莫突等，聚众数千，在上党筑守营垒。石勒先去投奔他们。以石勒的人才，用心结交这些头脑简单的人，自是不难，不多久就赢得了对方的亲昵。有了信任基础后，石勒分析形势、讲明利害，成功游说䓢督同他一道投奔刘渊。

既带着实力而来，自获相应的待遇。刘渊封石勒为辅汉将军、平晋王，统率䓢督及莫突。石勒于是让䓢督为兄，赐姓石，名为会，意思是䓢督使自己有所遇合。

石勒只是绕了一小圈，就获得了一个忠心耿耿的兄弟和一支武力，并初步傍上了刘渊这棵大树。

他先是佣工，既而沦为奴隶，然后变成流寇，莫名其妙地介入司马氏的内战，在为一个和他没有任何关系的成都王的名义下，到处厮杀，直到军队被打垮了，才明白首先是要依附一个更稳固、强大的力量，避免在没有战略目的的反复流窜中，把自己的路越走越窄，直到无路可走。他望见了刘渊高高扬起的旗帜，认准了方向，终于在一个像模像样的政权里，真正成为了一名有模有样的将军。

石勒不是赳赳武夫，很有头脑和手腕。

乌桓人伏利度有两千人马，聚在乐平的壁垒。刘渊屡次招揽，也不能使他归顺。石勒伪装得罪刘渊，以此为理由投奔伏利度。石勒这个人，很善于结交，容易取得别人的好感，很快就和伏利度称兄道弟，关系打得火热。

伏利度委派石勒率众外出劫掠，石勒勇猛，所向无前。敬仰、尊重勇士，是人之常情，所以石勒的骁勇令他们畏服。石勒估计人心已向着他后，找个机会捉了伏利度，当众要大家在两人中做出选择，大家都选择了石勒。石勒于是释放伏利度，率领他的部下归附刘渊。

不战而收人之兵，石勒的这手太漂亮了，令他在刘渊处的分量更重。从前，石勒四出劫掠，现在他越来越懂得如何把手中的牌打好了。他受命率军攻陷魏郡、顿丘的大片拥军自卫的垒壁，给予垒主们将军、督尉的头衔，置于自己的统领下，又挑选精壮来补充他的兵源。

他知道，乱世中老百姓的理想最朴实，不过是渴望安全和安宁；谁能保护他们的安全、提供他们以安宁，他们就会自发拥护其人，而不计民族、种族。所以老百姓们都怀念他。

他还知道读书人的价值，尽管他没读过书，不比刘渊等匈奴贵族接受过纯正的汉文化教育。刘渊的儿子刘聪，年十四，究通经史，兼综百家，工于草隶，善于撰文，弱冠游洛阳，京华的名士们无不与之交结。而他不过是卑贱而粗野的小胡，哪有刘聪这样的条件。但他尊重读书人，后来俘获的读书人多了，专门把这些人集中起来，另辟为"君子营"，作为他的智力资源。

他不识字，却爱叫人给他诵读史书，不仅仅是汲取经验教训，也是用来印证他对政治天生的判断力。有人念《汉书》，当听到郦食其向刘邦献上分封六国王族后人以抗衡项羽的计策，大惊失色："这可是大大的失策，为什么说竟能得天下呢？"又继续听下去，张良及时劝止了，松了一口气："幸亏有张良在。"他的头脑确实清晰。

征战连年，与群雄角逐，使他历练得越发成熟、大气。王衍当初没有看走眼，这个小胡儿的确不可测，居然成了令百兽震惶的猛虎，成了晋室的劲敌、乃至掘墓人，包括他自己在内，不知有多少王公贵人命丧其手。王衍临死前，倒不应该悔恨他们这类名士成天清谈玄虚、遂使神州陆沉，而应遗憾一时麻痹大意，放走了这个已看出来不该放的小胡儿，纵虎贻患。

自相残杀的晋室，不仅失去了对地方的控制，造成流民蜂起，让他们成了气候，而且没实力也没精力来控制鲜卑、匈奴等北方民族，这就为他们觊觎中原提供了外部条件。尤其是刘渊，以及王弥、石勒，他们和鲜卑人还不同——最初鲜卑人还是晋人的盟友，目标就是取代晋室。不过，他们还要面对晋室最后一个强大的宗王，就是东海王司马越。

十

『八王之乱』的终结

司马越，字元超，是高密王司马泰的次子。司马泰则是司马懿四弟司马馗之子，性格安静，不近声色，在宰辅的高位上，服饰、饮食一如平民，作风朴素、低调，每逢朝会，不认识他的人都不知道他是王公。在当时的宗室诸王中，唯有司马泰和下邳王司马晃以自律、节制著称，是少有的不以权势而骄纵不法的。

　　司马越大有父风，少年时代即有美好的名声，为人谦虚、谨慎，不搞特殊化，把自己看成普通老百姓。最初，司马越是以司马泰高密王世子的身份与一些宗室子弟、贵戚等侍讲东宫。其后，拜散骑侍郎，历左卫将军，加侍中，掌握了部分禁军。因参与了贾后发动的讨伐杨骏的行动，封五千户侯；在一系列升迁后，另封东海王，到惠帝永康初，迁司空，领中书监。

　　在朝廷反复的政变中，司马越不显山不露水，不仅没被波及，而且逐次升迁，

　　登上高位，显赫起来。长沙王固守洛阳，受到成都王及河间王的夹攻，洛阳岌岌可危，司马越终于走到了前台，利用部分禁军将士对无休止打仗的厌倦，发动政变，并借刀杀

害了长沙王。

事态平息后，政权归于成都王。司马越则以退为进，要求逊位，成都王没同意，使他加守尚书令。但这只是暂时的妥协，双方缺乏互信的基础，随时有可能会翻脸。

永兴元年（304）七月，即距成都王立为皇太弟后的第四个月，战事又起。

荡 阴 之 战

司马越和右卫将军陈眕，及长沙王旧部上官巳等人合谋起兵，直指成都王。

七月一日，陈眕领兵进入云龙门，以惠帝的名义召集大臣入殿，宣布讨伐成都王。镇守洛阳十二城门的石超惊闻变生，赶紧出奔邺城。

七月四日，被任命为大都督的司马越，挟带惠帝亲征，同时传檄四方，响应者不少，当抵达安阳时，已有十万之众之多。

邺城上下被这场突如起来的军事行动震惊了，成都王召集僚属开会商议。东安王司马繇说："天子亲征，应该放下武器，穿着缟素，出迎请罪。"仗还没打，就说这丧气的话，成都王没理会他。

有个叫步熊的术士，民间中流传许多有关他占卜如神的事迹，当初素好此道的赵王司马伦听说了他的大名，要召见他。步熊对门生说：司马伦不久将死，不能应命。司马伦大怒，派遣士兵把他的住所重重围困，步熊令门生穿着他的皮裘故意往南走，士兵们被吸引过去，全都跑上前捉人，步熊则秘密地从北边出，得以逃脱。

　　后来被成都王辟为掾，成都王司马颖亲自曾验证过步熊道行的真假，要他射覆——这是一种从西汉开始流行的猜物游戏，步熊无有不中。

　　中国传统社会盛产步熊之类的术士，他们有娴熟的技巧欺骗人的耳目，煽惑人的心理，像秦皇汉武这样雄才大略的帝王，也被术士蒙过。既然亲眼目睹了这神乎其神的一幕，不由得成都王不信其人。

　　如今东海王司马越的大军压境，成都王乞灵于步熊。步熊为他占了一卦，说："不要动！南军必败。"久负盛名的术士的占卜，在某些时刻也可以起到一定的稳住军心的作用。成都王于是有了信心，派遣大将石超率五万人前去迎战。

　　陈畛的两个弟弟陈匡、陈规则从邺城奔赴司马越处，他们贡献了邺城内部的动态，说城里如今人心惶惶，都已离散。有了这个重要情报，司马越等就放松了戒备。

　　七月二十四日，石超军突然出现，在荡阴（今河南汤阴）大败松懈的司马越。战况惨烈，惠帝的脸颊都受了伤，身中三箭，百官及左右都逃散了。唯有侍中嵇绍，身穿朝服，下马，登上惠帝的车，用自己的血肉之躯卫护惠帝。

石超的士兵把嵇绍拉到车辕前要杀掉，惠帝说："他是忠臣，不要杀。"士兵说："奉太弟命令，唯不冒犯陛下一人。"于是杀掉嵇绍，血溅到了惠帝的衣服上。

惠帝恐慌，掉进草丛里，连玉玺也弄丢了。连拉带拽之下，惠帝被送进了邺城。左右要洗惠帝的衣服，惠帝说："上面有嵇侍中血，不要洗。"惠帝即使再弱智，也不是全然不晓事，对于危难之际舍身保卫他的嵇绍，有巨大的感念。

荡阴之战前，侍中秦准对嵇绍说："这次随行出征，安危难以预测，你有好马吗？"嵇绍说："臣子扈卫皇帝，就要不惜生命尽忠职守，要好马干什么！"他已做好了舍生取义的打算。

当年嵇康在临死前，把十岁的嵇绍托孤给好友山涛，说："有山巨源在，你不会孤苦伶仃的。"嵇康相信，以山涛的睿智，定能为长大成人后的嵇绍妥善安排好出路。山涛不负良友所托，二十年后举荐嵇绍出任秘书郎。

嵇绍因身负父仇的缘故，对出仕心怀犹豫，担心受到舆论的谴责。山涛则以人事是变化的为理由，为嵇绍打消伦理的顾虑。不过，嵇绍既然最终无视父仇而选择仕晋，为免世人的非议，留给他的就只有一条路，即以忠诚作为立身的不二准则。所以，为惠帝而死，对于嵇绍而言，死得其所。具有讽刺意味的是，自打惠帝继位起，他的妻子、亲兄弟、堂兄弟、叔祖等至亲们，一个个把他当成软泥，随意拿捏、揉搓，这么多年来，真正赤诚忠心、不惜以生命来卫护他的，却是被他祖父枉杀的嵇康之子嵇绍。

后来司马越屯兵许昌，路经荥阳，过嵇绍墓，哭之悲恸，刊石立碑。其后朝廷表彰不断。门人故吏追思遗爱，为嵇绍服丧满三年的，有三十多人。

荡阴之战失利后，司马越逃到了下邳，镇守此地的徐州都督、东平王司马楙拒不接纳，只好逃回自己的封地东海国。

成都王认为司马越及其几个兄弟是宗室中少有的声誉颇佳的，而且各据方镇，实力不可小觑：其二弟东嬴公司马腾为并州刺史，三弟高密王司马略任青州刺史，四弟平昌公司马模任北中郎将、都督荆州。此外，都督豫州、镇许昌的范阳王司马虓也奉司马越为盟主。所以，成都王主动做出和解的姿态，下令召他回朝，司马越没有应命，在东海国进行筹划、布置，观望形势的变化。

另一边，在荡阴之败后，陈眕和上官巳奉太子司马覃固守洛阳。洛阳暂无老虎，上官巳自居大王，一手遮天，手段残暴，闹得不像话。守河南尹周馥和司隶校尉满奋等人谋议诛杀上官巳，不过事情泄露，满奋反而被杀，周馥及时逃走，得以幸免。

在司马越讨伐成都王时，河间王派大将张方率二万人来援救，听说惠帝已入邺城，就命张方镇守洛阳。上官巳和别将苗愿不乐见张方分享他们的禁脔，发兵抵抗，结果大败而回。

于是张方进入洛阳。

穷途末路的成都王

把惠帝纳入其势力范围邺城的成都王，达到一生权势的顶峰。但这已是明日黄花，不久就开始凋落了。

已据幽州的王浚，联合并州刺史司马腾，遣威震天下的鲜卑、乌桓铁骑为先锋，一路势不可挡，成都王的军队溃败不堪，其侦察骑兵都已抵达邺城，邺中震恐，百官奔走，士卒逃散。

本来成都王和刘渊先前有约定，调发匈奴五部参与内战；但情势危急，刘渊回并州集结人马，一时远水解不了近渴。卢至提议带惠帝回洛阳，暂避锋芒。当时士兵还有一万五千人，卢至连夜布置，拟于天亮时出发；不过成都王的母亲程太妃留恋邺城，舍不得离开，孝顺的成都王迟迟下不了最后的决心。

奔走洛阳，犹豫不定；留下固守，人心已乱。在瞻前顾后之际，早已失魂落魄的军队溃散了。有个姓黄的道士，号称"圣人"，很得程太妃的崇信，成都王把他叫来算算吉凶祸福。黄道士要了两杯酒，喝完，扔掉酒杯，转头离开，放弃邺城的决议这才确定下来。不过为时已晚，此刻城内颓势如山崩，人马已散，成都王只好率贴身的几十个卫兵，与卢至奉惠帝乘牛车赶快出逃。

仓促之间，甚至连钱物都来不及收拾、携带。惠帝下诏，向中黄门借贷了三千私钱，在道中买饭充饥，用瓦盆饮食，夜晚则盖宦官的布被。好不容易到了温县，这可是司马氏的发祥之地，惠帝将要谒陵，但鞋子在逃难中丢失，只好穿上随从的鞋，下拜流涕。五天后才慌慌张张地抵达洛阳。

失去了实力的成都王，果然落到刘渊事前为他分析的结果，威权尽丧，靠边站了，朝政则由张方专制、独裁。

张方的军队军纪很差，在洛阳大肆劫掠，甚至把惠帝和贾南风的女儿、哀献皇女的坟墓也发掘了。这些将士来自关中，不耐洛阳久居，众口喧嚣，提议带惠帝迁都长安。

张方则担心惠帝及公卿大臣们不肯，打算先调惠帝出宫，再把惠帝劫走。所以张方出了个招，请求惠帝拜谒太庙，惠帝没有答应。

既然软的不行，就直接来硬的。张方率兵进殿，要把惠帝塞进自己所乘的车里，惠帝飞跑，躲到后园的竹林中。如狼似虎的士兵们把惠帝从竹林里拽出来，逼迫上车，惠帝无法，流泪听从。

张方在马上稽首："现在盗贼纵横，宫里宿卫力量薄弱，希望陛下临幸臣的营垒，臣尽死力，以防备意外。"于时群臣纷纷逃匿，唯有中书监卢志在身边侍奉，劝惠帝接受，惠帝就这样被带到了营垒。

张方的士兵们进了内宫如入宝库，霸占宫女，争分库藏，自魏晋以来，皇宫数十年的蓄积，被洗劫一空。张方还要把宗室、宫庙统统烧掉，好断了众人返还的念头。卢志以董卓当年焚烧洛阳的事相劝，这才停止。

惠帝、成都王还有豫章王等，被张方挟持着，一路辗转，到了河间王的地盘长安。永兴元年（304）十二月，成都王的皇太弟身份被河间王褫夺，豫章王司马炽得立为皇太弟。

惠帝兄弟二十五人，夭折的夭折，病逝的病逝，被杀的被杀，如今只剩下成都王、豫章王和吴王三人。吴王才智庸劣，豫章王为人淡泊，最后河间王选择立豫章王。

河间王又以东海王为太傅，想实现和解，一起辅佐帝室。东海王推辞不接受，于永兴二年（305）七月，传檄山东各地，要求合兵奉惠帝回洛阳。这几乎重演了一百多年前，十几路山东诸侯联合对抗关中董卓的一幕。

与此同时，由于被废的成都王在黄河以北的广大地区还有一定的影响力，其旧部公师藩为他鸣不平，纠合了数万人，进攻邺城。

河间王听说山东兵起，很是担心，想打公师藩这张牌，用以牵制东海王。于是表请成都王为镇军大将军、都督河北诸军事，给兵千人，并以卢志为魏郡太守，随从成都王回邺。

成都王一行抵达洛阳，看到形势向有利于东海王的一面发展，不敢继续前进，又从洛阳返回关中。

东海王打败河间王，把惠帝迎回洛阳。成都王从华阴，经武关，往新野，在得知朝廷要收捕他后，抛弃母亲和妻子，单车与两个儿子出逃，过黄河，到朝歌，召集了旧部几百人，要去投奔公师藩，但被顿丘太守冯嵩捉住，押送到了邺城。

镇守邺城的范阳王司马虓，只是把他们幽禁起来，暂时还没有别的意思。成都王曾经是这座城市的主宰，而如今沦为阶下囚。

事不凑巧，随后范阳王暴病身亡，其长史刘舆怕成都王在这里的根基过于深厚，容易生变，先封锁范阳王死亡的消息，秘不发表，同时派人伪作朝廷的使者，宣诏当夜赐成都王死。

成都王对看守他的田徽说："范阳王死了吗？"

田徽说："不知道。"

又问："你多少岁了？"

回答："五十。"

又问："知道什么是天命了吗？"

回答："还不知道。"

成都王又说："我死后，天下是安定呢，还是不安呢？我自从被放逐以来，至今三年了，身体都没洗过，取几斗热水来吧。"

两个儿子号泣不已，成都王命人把他们带出去，把头发散开，头朝东卧下，命田徽勒死自己，时年二十八，两个儿子随后被杀。

成都王覆败，僚属大多逃散，唯有卢志至始至终追随，没有懈怠。成都王死后，旧日僚属里，只有卢志亲自送葬，令时人嘉许。永嘉五年（311），洛阳陷落后，卢志率子弟北投并州刺史刘琨，在路上被刘璨俘虏，与两个儿子卢谧、卢诜一起遇害于平阳。

成都王的部将汲桑举兵，称要为成都王复仇，把他的棺材载于军中，每逢有事，都要对着棺材奏明，然后下达军令。汲桑兵败后，把棺材抛弃在一口旧井里。后来成都王的故臣收检棺材，改葬于洛阳。

成都王死后数年，开封传闻他有个十多岁的儿子流落在民间，东海王派人把这孩子杀了。

河间王之死

河间王司马颙，是司马懿之弟司马孚的孙子。少有清名，轻财爱士。他长相不俗，曾与诸王入朝，武帝见后，赞赏可为宗室仪表。元康九年（299），代梁王司马肜为平西将军，镇关中。按制度，非至亲是不能都督关中的，河间王于帝系已疏，本来没有这个资格，只是凭借贤能的名声才被破格任命。

起先，河间王倚李含为谋主、张方为大将，参与了齐王司马冏等征讨篡位的赵王司马伦的军事行动，事成后，晋位侍中、太尉。其后，又在李含的游说下，联合成都王，发兵讨执政的齐王以及取代齐王的长沙王，事后，为太宰、大都督、雍州牧，与成都王分据长安、邺城，形成夹辅洛阳之势。

不过，随着东海王走上前台，这个局面迅即改变。东海王成为河间王的劲敌。

据有幽州的王浚联合并州刺史司马腾，引骁勇善战的鲜卑、乌桓军队，攻下邺城。惠帝、成都王在张方的裹挟下，被迁徙到了长安。河间王想要废掉成都王皇太弟之位，遣司马周弼报张方，张方不同意。河间王与张方的关系已有裂痕了。

东海王不愿惠帝被河间王挟持，竖起了奉迎惠帝回洛阳的大旗，纠集各路诸侯，结成统一战线。

太弟中庶子缪播，其父缪悦曾是东海王父高密王司马泰所辟的僚属，因为这层关系，得到了东海王的信任，而他的从弟右卫率缪胤，又是河间王前王妃的弟弟，所以缪播凭借这一条件成为东海、河间两王沟通的中介。

东海王委派缪播、缪胤游说河间王，条件是把惠帝交出来，两人平分天下。河间王准备答应，张方坚决反对不说，还厌恶缪氏兄弟为东海王游说，暗中准备杀了两人，以断祸源。两人也惧怕张方发难，不敢再多说了。

张方是担心他身上背负的罪责太多，如果双方和解，有可能要被抛出去。他对河间王说："现今有关中的地利，实力强大，挟天子以号令天下，谁敢不从！为什么要拱手相让，受制于人！"

河间王采纳了这个意见，和东海王的谈判于是破裂。

河间王之所以拒绝东海王开出的条件，一是奇货可居，不愿失去惠帝这张王牌；二是需要尊重张方的意见。张方作为大将，这些年来征战疆场，功勋建立了不少，更重要的，如今翅膀也硬了，这令河间王不得不投鼠忌器。

两王对峙，局面紧张，一个火星便足以点燃战火，这个火星是豫州刺史刘乔。

东海王想把刘乔改任冀州刺史，遗缺留给范阳王司马虓。刘乔则认为这个任命非法，拒不接受，发兵抵挡。

颍川太守刘舆是范阳王的死党，刘乔向朝廷上书，列举刘舆的种种罪恶。河间王得到了这份奏章，觉得可以利用一下：以诛刘舆为借口，诏令张方为大都督，统率十万军队，同刘乔等一道进军许昌攻范阳王。

刘舆之弟刘琨，率军援救许昌，还没到，范阳王就被打败了，于是和范阳王逃奔河北，游说冀州刺史温羡把职位让给范阳王。范阳王一领冀州，便派刘琨到幽州，找王浚借兵。刘琨果然了得，精通战国策士的纵横之术，成功说服王浚，借到了精锐的鲜卑骑兵。依靠这支武力，刘琨击败了刘乔。

光熙元年（306），因刘乔兵败，河间王想就此停战，与东海王再度议和；只是担心张方从中作梗，很是犹豫。如何处理张方，成了摆在河间王面前的棘手的难题。

在这个关口，缪播兄弟看到机会出现了，赶忙献计河间王：杀掉张方，向对方示好。

张方未发迹时，长安有个叫郅辅的富人待他甚厚。张方显贵后，感念郅辅的恩情，任为自己的帐下督，引以为腹心。

河间王有个参军毕垣，本出身于河间名族，曾被张方羞辱，忿然游说河间王："张方长久屯兵灞上，听说山东贼盛，徘徊不进，应该防变于萌芽中。郅辅是张方亲信，应知道实情。"

缪氏兄弟及毕垣的接连进言，遂令河间王起了疑心，召来郅辅，要亲自查明情况。毕垣事先做通了郅辅的工作，郅辅允诺按给定的口径来回答。

河间王问："张方要谋反，你知道这事吗？"

郅辅说："是。"

又问："派你取他的性命，可以吗？"

又答："可。"

河间王令郅辅以送信为名去见张方。他持刀进入内室，由于他和张方的关系尽人皆知，卫兵也没怀疑，直接放他进去。待张方就火打开书函之际，郅辅抽刀斩下张方的头。河间王没有食言，任命郅辅为安定太守。

事前缪播等很有把握地说，只要杀了张方、把首级送给东海王，联军阵营便会主动退兵休战。谁知道对方听说骁勇善战的张方已死，再无忌惮，争相入关。河间王的压力反而更大了，对自断臂膀后悔不迭，归咎于郅辅，把他杀掉以泄恨。

范阳王司马虓及司马刘琨，把张方的首级出示给守荥阳的河间王部将吕朗，吕朗见状投降。接下来，长安的门户潼关被攻下，联军直入关中。前来迎战的河间王部将马瞻又在灞水被击败，率残军逃走。眼见大势已去，河间王只得弃守长安，乘单马躲进太白山中。

山东联军于是进入长安，鲜卑铁骑洗劫了这座繁华的城市，杀了两万余人；然后带上最大的战利品惠帝，凯旋而归，留下太弟太保、镇西将军梁柳守关中。

马瞻等残军，见鲜卑铁骑撤走，杀了个回马枪，攻下长安，杀了梁柳，又与始平太守梁迈，从山中迎出河间王。但是，经此一役，河间王已非昔日争雄天下的河间王，实力大损，事实上已失去了掌控关中的实力，只是苟延残喘。

随后，安定太守贾疋等起兵攻河间王，斩马瞻等人。贾疋是魏太尉贾诩的曾孙，少有志向才略，器识、声望俱佳，见到他的人没有不心悦诚服的，尤其能令武人景仰，愿意为他效命。东海王也遣都护麋晃，率东海国兵夹击。河间王则派遣平北将军牵秀屯冯翊（治所在今陕西大荔县）。

牵秀有豪侠的性格，弱冠就得美名，好为将帅。后来投奔成都王，成都王伐长沙王，以牵秀为冠军将军，在河桥之战失利后，参与指证陆机，又谄事宦官孟玖，所以很为成都王所亲信。惠帝被张方挟持到关中，任牵秀为尚书。

青年时期的牵秀在洛阳，见到武帝朝以正直闻名的司隶校尉刘毅议论朝政的奏事，扼腕慷慨，自以为如居司直之位，定能激浊扬清；如处战场之上，必建将帅功勋。牵秀自我期许很大，等他真的位居大臣，在帝左右，却没有规献纠过的非常表现。河间王对牵秀倒是很欣赏，委以重任。

河间王的长史杨腾，与冯翊大姓勾结，诈称王命，要牵秀罢兵，并杀了牵秀。由此关中皆服从东海王号令，而河间王仅据孤城长安。

光熙元年（306）十一月，已拜太傅的东海王，嫌惠帝碍眼，不想继续维持这个皇帝了，把他毒死。继位的是皇太弟司马炽。

十二月，东海王以诏书征河间王入朝为司徒，河间王自觉割据长安一城已无意义，于是就应征出发，这是向东海王表达诚心。但东海王并不准备放过他。南阳王司马模派人到新安迎接河间王一行，在车上把他扼死，他的三个儿子也一并被杀。

至此，持续十六年的"八王之乱"也就结束了，除了东海王一家，其余七王全都死掉。可能谁也没想到，居然是东海王成了最后的赢家。

不过，东海王也仅仅是惨胜，因为他所接手的，乃是疮痍满目、残破不堪、烽火遍地、人心离散、四分五裂的山河。

东海王的谢幕

惠帝死后，皇太弟司马炽继位，是为怀帝，年号改为永嘉。

"八王之乱"随着东海王的独揽大权而告一段落，但是和平并未随之到来。相反，还在为其后即将形成类似于滔天巨浪的"永嘉之乱"提供、准备条件。

　　二十三岁的怀帝把朝政交给了东海王，这也是不得已的事，怀帝并不甘心拱手无为。即位不久，即表现出有所作为的样子，不仅亲自处理政务，留心日常事务，而且遵照旧制，亲临太极殿，于东堂听政，在宴会上还与大臣们讨论治国之道，考订经籍。这可是自武帝以来罕见的振作迹象；同时积极着手培植亲信，把舅舅散骑常侍王延、尚书何绥、太史令高堂冲放在身边共参机密，又看重缪播、缪胤兄弟有公辅的器量及心向朝廷的忠诚，任为中书监及太仆卿。

　　东海王当然不愿看到怀帝的这番作为，他防微杜渐，要把怀帝复兴皇权的努力彻底扼杀在萌芽状态。

　　首先是走地方包围洛阳之路，把拱卫洛阳的各大战略要地尽量控制在己方手上。永嘉元年（307），东海王离开洛阳，出镇许昌；令三个弟弟司马略、司马模、司马腾，分别都督荆州，都督秦、雍、梁、益等四州，都督司、冀等二州诸军事。

　　与东海王日益接近的名士领袖、琅邪王衍，在抢占要地的战略布局中，也不失时机地把亲弟王澄及族弟王敦推出来，分任荆州、青州刺史，还在江东落下了一子，就是以族弟王导协助琅邪王司马睿镇建业。这步棋本不是王衍和东海王的战略布局的重点，孰料无心插柳，永嘉大乱后，中原沦陷，江东反倒成了晋祚延续的希望之所在 ❶。

此时进入东海王幕府的刘舆，也不失时机地把弟弟刘琨推出来，促成刘琨出任并州刺史，亦为独当一面的方伯，令刘琨日后在与刘渊、石勒艰苦卓绝的生死较量中，转化了纨绔子弟的浮华习性，实现了自我的升华，成就一番可歌可泣的英雄事业。

说起来，刘舆也真是个人才，从趋附贾谧开始，到倒向司马伦，又与范阳王司马虓打得火热，像不倒翁一样，始终不受政局动荡的影响。范阳王死后，东海王本着团结的考虑，将召刘舆，而身边有素知刘舆为人的，警告东海王不要太接近。这反过来也说明：只要给与刘舆接近的机会，刘舆总有办法能改变别人对他的负面印象而赢取对方的信任。

果然，刘舆初入东海王幕府，先被冷落和疏远。但刘舆不在意，他私下了解全国的兵簿、仓库、牛马、器械、地形等情况，全都默记在心。正值国家多事，每次开会，东海王的僚属们对情况隔膜，说不出所以然，拿不出应对方案，而刘舆料事揣情，有理有据，运筹画策，无不妥当。这些表现，彻底折服了东海王，把军国要务都交给了刘舆。

永嘉三年（309）三月，东海王司马越率军返回洛阳。

---

❶ 见田余庆著：《东晋门阀政治》第一篇"释'王与马共天下'"，北京大学出版社 2012 年版。

他已安排好亲信控制了各大要地，如今可以腾出手来，在朝廷中进行大清洗了。

作为以地方拱卫洛阳后的第二步棋，是清除异己，剪除怀帝的羽翼。东海王对有贰心的朝臣早已不满，进洛阳不多时，就令平东将军王秉率三千人入宫，从怀帝身边把缪播等十多个眼中钉全都捉起来。怀帝无法，空自感叹："奸臣贼子，无代不有。不自我先，不自我后，悲哀啊！"起坐拉着缪播的手，唏嘘流泪，不能自止，眼睁睁地看到缪播等人被杀。

东海王是从禁军中出来的，经历了也看惯了这十多年来禁军深度卷入政变、内战所造成的危害，想趁着这个机会，一揽子解决禁军问题。

他把宿卫部队中凡是有爵位的，全部罢免；又启用右卫将军何伦、左卫将军王秉率领东海国的国兵数百人接管了宫殿的宿卫工作。

同时，东海王为了增强个人的威望，笼络时贤、名士，尽辟为僚属。他的幕府人才荟聚，极一时之盛。

吏部郎颍川庾敳为军咨祭酒，前太弟中庶子胡毋辅之为从事中郎，黄门侍郎河南郭象为主簿，鸿胪丞阮修为参军，谢鲲为掾。这些人一个个崇尚玄虚，好言老庄，不婴世事，居官废职，纵酒放诞，不拘小节，自居高旷。

如胡毋辅之，性好饮酒，率意放纵，善于清谈，据说口吐佳言妙语，好像锯木屑一样，霏霏不绝，堪为后进领袖；

在乐安太守任上，与郡人光逸昼夜酣饮，把正事放一边不顾。其子胡毋谦之，才学尽管不及，放纵则远过，酒有时喝高了，经常直接呼叫胡毋辅之的字，没大没小的，人们皆认为狂，胡毋辅之倒是不以为意。

谢鲲，也就是后来东晋风流宰相谢安的伯父，任达不拘，恬于荣辱。邻居家高氏有女儿极美，谢鲲跑过去挑逗。这种行为，放在常人身上，可谓下流不正经，但对名士而言，则是风流、洒脱。该女子很反感，把手中的梭子扔过去，砸断了他的两颗牙齿。时人借此嘲笑谢鲲："任达不已，幼舆（谢鲲的字）折齿。"他毕竟是名士，不以为耻，傲然长啸："牙齿掉了又何妨，不影响我啸歌。"

他们如此为之，多半还是因为精神空虚，对人生既无望也无力，因而逃避现实。他们基本上出身于名门，东海王兼收并蓄，尽集府中，有拉拢、团结士族的意味，一个皇权与士权并行的权力架构隐约显现了雏形，只要历史条件具备，便将发展、定型。

东海王之忧，主要在萧墙之内。他忙于巩固权力，来不及倾全力应对刘渊的威胁。在并州的刘琨，初期发展势头不错，引鲜卑猗卢为援，成了刘渊的劲敌。

永嘉四年（310），刘琨约请东海王共同出兵讨石勒等，但东海王忌惮内部非嫡系的地方实力派的牵扯、掣肘，恐生后患，没有答应。

所以，由于东海王攘外必先安内的战略考虑，客观上为刘渊的坐大提供了空间。受命于刘渊的王弥、石勒在中原大地上纵横驰骋，攻陷的城池很多，乃至切断了洛阳的粮食供应，日益造就了洛阳的孤危。

洛阳的粮荒越发严重，东海王用羽檄征调天下兵马来援救。怀帝甚至交代往各地求救的使者："为我对各地说，现在还有得救，再晚了可就来不及了。"

征南将军山简派遣督护王万率兵入援，驻扎于涅阳（今河南邓州），为流民领袖王如所败，王如于是在沔、汉之间大肆活动，进逼襄阳，山简只好据城自守。荆州刺史王澄自率军马，要援京师，抵达宜城，误以为襄阳陷落、山简被俘，退回荆州。

看到援军不至，朝廷中多有提议迁都避难的，王衍不赞同，为了安抚人心，他把自己钟爱的牛车也卖了，以示不走。王衍是名士领袖，极擅长清谈，能够信口雌黄，即随时修正观点，很令时人钦佩。西晋名士，清谈是必备技能。标榜名士身份的，一是清谈活动中手持的麈尾，一是作为坐骑的牛车。王衍把牛车都卖掉，可见其固守洛阳的决心。

自从杀了缪播、王延等人后，东海王大失人望，胡兵又盛，东海王心不自安，为了扭转局面，打开出路，他决定亲自出马，讨伐石勒。

永嘉四年（310）十一月，东海王把王妃裴氏、世子司马毗留下防卫洛阳，自己则带着行台，用太尉王衍为司马，率四万人开向许昌。

当初王弥、石勒等进犯洛阳，怀帝命地方实力派苟晞督兵讨伐。苟晞与东海王有隙，东海王的心腹们多次诋毁苟晞，苟晞愤怒了，把两人的矛盾公开，移檄诸州，表自己的功劳，数落东海王的罪状。怀帝本就厌恶东海王专权，而东海王留守洛阳的军队纪律太坏，形同盗贼，抄掠公卿，逼辱公主，怀帝很是痛恨，秘密给苟晞诏书，命他讨伐。

驻屯在项城的东海王，对朝廷的监控没有放松。早就怀疑怀帝会在趁他离开洛阳之际，与苟晞暗通款曲，于是派了骑兵在成皋间巡逻、侦察，果然抓获了苟晞的使者，得到了机密文书。

东海王不客气了，遣军讨苟晞。苟晞也不是好惹的，把东海王的心腹抓起来杀掉。局面败坏到这种程度，东海王积忧成疾，把后事托付给了王衍。永嘉五年（311）三月，死于项城。

王衍等人决定，把东海王的灵柩还葬东海国。在洛阳的裴妃、世子还有亲信将领听说东海王已死，从洛阳东撤离，城中的士民也争相跟着走。

四月，石勒敏锐地抓住这个契机，率领轻骑追东海王之丧，至苦县宁平城，大败晋军，纵兵围住，用箭狂射，十万晋兵惊慌失措，相互践踏，尸体累积如山，全军覆没，没有幸免的。自王衍以下的满朝王公大臣贵戚，都被活捉。

王衍还劝石勒上尊号，幻想借此能够活下来。许多人都怕死，纷纷为自己辩护，这令石勒更加轻蔑。唯独襄阳王司马范神色俨然，看着石勒呵斥："今天的事，还说个什么。"

此举反倒赢得了石勒的敬意。

石勒对僚属孔苌说:"我走遍天下,没见过像他这样的人,可以饶他一死吗?"孔苌说:"他们都是晋朝的王公,终不为我们所用。"

石勒说:"尽管如此,也不能要他们死在兵刃之下。"当夜,派人推倒墙,把这些王公大臣们全部压死。

石勒剖开东海王的棺枢,焚烧尸体,当众说:"乱天下的就是这个人,我要为天下人报仇,所以焚烧他的骸骨以告慰上天。"

把乱天下的责任全部推到东海王身上,以石勒的政治头脑,不会不知道此言差矣。石勒故意扣帽子,无非是想向世人表明:他的起兵,不是犯上作乱,而是为天下人诛独夫民贼;他不是扰乱天下的人,他是能带来安宁的人。石勒从不放弃任何一个可以自我标榜的机会。

随后,从洛阳奔来的东海王世子司马毗及宗室四十八王,遇上了石勒的军队,战败被杀。东海王妃裴氏在乱军中被掠走、贩卖。天地不仁,在乱世中,谁都免不了命运的提弄。

六月,洛阳被刘曜、王弥、石勒等攻陷,诸王公以及百官以下,约三万人遇害。宫殿太庙被焚烧,后宫妃嫔被逼辱,怀帝被俘,并被带至刘汉政权的都城平阳。

此时刘渊之子刘聪为帝,他年轻时曾经与王济见过当时还是豫章王的怀帝,写下了《盛德颂》,获得赏识,两人还比过射箭,获赠礼物。刘聪问:"你还记得这些事吗?"

已为阶下囚的怀帝说："怎么不记得，只恨没能早识你的帝王之相。"

刘聪问："你家为什么骨肉相残？"

怀帝说："这不是人事，是天意。大汉应天受命，所以我们家的骨肉相残，是为陛下驱除。"

刘聪对这回答很满意。怀帝成了他享受胜利果实的开胃菜，以羞辱怀帝为乐事。有次在宴会上，命怀帝身穿青衣斟酒，行奴仆之事，在场的西晋旧臣不堪其辱，失声痛哭，引起了刘聪的不快，过后毒杀怀帝，死时才三十岁。

八月，刘聪之子刘粲攻陷长安，太尉、南阳王司马模遇害。

自此，西晋大势已去。

末 世 皇 后

西晋王朝的命运，还可以从一个高贵的女性的屈辱命遭遇中看出来。这个女性，就是惠帝的第二位皇后羊献容❶。

---

❶ 参见陈苏镇："司马越与永嘉之乱"，《北京大学学报（哲学社会科学版）》1989 年第 1 期。

羊献容出身于泰山羊氏。泰山羊氏门第显赫，世吏二千石，到西晋开国功臣羊祜时，已历九代，均以清德著称。羊祜的姐姐羊徽瑜是司马师的第三任夫人，去世后，被尊为景献皇后。

羊献容祖父羊瑾，即羊琇之兄，与羊祜为堂兄弟，任尚书右仆射；其外祖父平南将军孙旂，与孙秀关系不错。孙旂是青州乐安人，孙秀是徐州琅邪人，在孙秀专权时，孙旂攀交，与孙秀合族。

太安元年（300）四月，贾后被废；十一月，孙秀立羊献容为皇后。从此，这位皇后被反复从皇后的位置上拉下来，又被推上去。各大势力轮番登台，似乎皆想通过操纵这位皇后来获取政治收益；无形中，羊皇后的废立似乎成了他们专断朝政的象征之物。

永兴元年（304）二月，羊皇后被打败了长沙王、进入洛阳的成都王废掉，幽禁于金墉城。

七月，东海王谋讨成都王，所以羊皇后被东海王复立。

八月，张方入洛阳，又废掉了羊皇后。

十一月，惠帝在张方的胁迫下，被转移到长安，留守洛阳的行政机构复立羊皇后。

永兴二年（305）四月，张方又一次废掉羊皇后。

十一月，立节将军周权自称平西将军，复立羊皇后。洛阳令何乔攻周权，又废黜羊皇后。

河间王矫诏，以羊皇后屡为奸人所立，遣尚书田淑令洛阳留台赐羊皇后死，但留台拒不执行。

光熙元年（306）六月，惠帝回到洛阳，登上旧日宫殿，哀感流泪，在拜谒太庙后，复立羊皇后。

十一月，惠帝被不明不白地毒死。羊后想做太后，唯恐太弟司马炽继位，急催前太子清河王司马覃尽快入宫，抢先登基，不过这个愿望落了空，执掌朝政的东海王不允许她打这个如意算盘。司马炽即位，尊羊氏为惠帝皇后。

五年后，也就是怀帝永嘉五年（311），刘渊的族子刘曜帅率军攻陷洛阳，羊皇后作为战利品，归刘曜所有。

前赵汉昌二年（319），刘曜称帝，又立羊氏为皇后，得意洋洋地问道："我比司马家那小子怎么样？"刘曜所指的，应是惠帝司马衷。

羊氏说："怎么可以放在一起比较。陛下是开创基业的圣主，他是亡国的懦夫，有一个老婆、一个儿子及他自己三人，却不能保护。贵为帝王，而令老婆和孩子被凡夫俗子侮辱。臣妾当时实在是不想活了，哪里料到有今天。臣妾生于高门，曾经认为世间的男子都一个样。但自从侍奉您以来，才知道天下真有伟丈夫。"

这话应该说得刘曜大悦，无比受用。羊氏很受宠爱，还为刘曜生下了两个儿子。

刘曜弱冠之年，曾经来京师洛阳游历、见识。青年刘曜自视不凡，自比管仲、乐毅、萧何、曹参，可惜少有人赏识他。他有壮志，有才华，可他是匈奴人，在天下之中的洛阳，在有着巍然壮观的天子宫阙，有着壮丽阔大的仓廪、府库、城池、苑囿的王朝心脏地带，他不过如稊米置身于太仓，太微不足道了。而且刘曜还曾经犯事当杀，后来逃亡，藏匿于朝鲜，遇到大赦才得以回去。

但天道好还。他带兵攻破了这座城市，俘获了这座城市中最高贵的、曾经令高不可攀的女人。立羊献容为自己的皇后，至少在刘曜的心目中，是他作为匈奴人入主华夏的天命攸归的明证，也是他作为豪杰之流征服天下的至乐，更是他作为一介平民变迹发泰的象征。

刘曜从羊献容身上所获得的，也就是羊献容所失去的。回顾她的一生，她先像木偶一样，被各路人马根据他们各自的利益需要反复废立；接着又像一件最珍贵的战利品，满足刘曜的神圣感、征服欲和虚荣心。她以悲惨、荒诞的经历，印证了一个王朝的混乱和耻辱。

尾声

重整山河待后生

"八王之乱"，把局面败坏到了不可收拾的地步，紧接着的"永嘉之乱"，使西晋名存实亡。无休无止的战乱，令山河涂炭，名城隳废，流民四起，异族横行。

　　西晋全盛时代的并州，下辖六个郡、国，四十五个县，拥有国家编籍的五万九千三百户。由于连年战乱，在加上饥荒，人民大批流亡南逃，仅剩下不到两万户。

　　永嘉元年（307），并州刺史刘琨在给朝廷所上的表中，描述了他一路上的见闻：人民困乏，四处流移，十不存二，扶老携幼，不绝于道，即使是活着的，也很艰难，要卖妻子，白骨横野，到处是哀号之声。好几万胡人，周布四山，睁眼就能看到他们劫掠。治所晋阳，情形更惨：土地荒芜，荆棘成林，豺狼满道，官署焚毁，僵尸蔽地，幸存的人也饿得不成人形。

　　永嘉四年（310），东海王出镇许昌。洛阳几乎没有守卫，饥荒一日日在加深，宫殿内东倒西歪的都是尸体，政府各部门机构都挖深深的沟堑，自己守自己的，盗贼公然行动，战鼓的声音不绝。

　　"永嘉之乱"后，长安的景象也是惨绝人寰。建兴四年

（316），西晋的末代皇帝愍帝在长安被刘曜的军队围困，长安饥荒，米价飞涨，一斗要金二两，以至于人相食，城里大半都饿死了。有人从太仓里幸运地找到了几十个酵面团，捣成屑沫做成粥，给愍帝吃❶。酵面团是霉变过了的，气味难闻，即使这样，团面也吃光了。内外交困之下，还不到十八岁的愍帝迫不得已，只好向刘曜投降。整个长安城只剩下不足百户，屋宇颓败，墙壁毁坏，野草丛生；官员们没有车马、礼服，只剩一个空洞的名号。

北方的士族大举向还算安定的江东迁移，兵荒马乱的岁月，发生在逃亡过程中的人伦惨剧有不少。平阳襄陵人邓攸好不容易逃出了石勒的军队，带着妻子、儿子以及亡弟之子一起避难。半路上牛马又被贼人抢走，只好徒步行走。邓攸估量情况，两个孩子大概同时带不了，忍痛抛弃自己的儿子，选择保全侄子。过江后的邓攸此后再没生子。人们愤慨地说："天道无知，竟然令伯道（邓攸的字）无后。"大动乱把世界的荒诞本性彻底暴露出来，德与福的不一致、不匹配才是真实的常态。

山河的破碎、身世的飘零、骨肉的分离，不能不使心灵

---

❶ 参见赵荣光著：《中国饮食文化史》，上海人民出版社 2006 年版。

敏感的士人们悲慨不已。名士卫玠，他的兄长卫璪内侍怀帝。卫玠以为天下将乱，拟移家南行。他的母亲舍不得与卫璪分开。卫玠反复解释为了门户的长远利益，不得不如此；母亲只得含泪听从。卫璪身为怀帝的近侍，所以必须选择忠义，与怀帝共存亡；而卫玠的使命是保全、延续卫氏家族的血脉，所以必须携族流亡。两人在梁里涧分手，做好了生离死别的准备。

永嘉五年（311），洛阳失守，卫璪没于乱中。卫玠南行至长江边，形惨神悴，面对浩渺无垠的江水，不禁百感交集，说："人如果不能做到像圣人一样忘情，面对此时此景，又怎能排遣得了呢！"到豫章后，因承受不住无尽的悲苦，加上身体本就羸弱，不久溘然病逝。

圣人有没有情感，是魏晋玄学的一个重要题目。这个题目之所以重要，是因为它反映了名士们的生存困惑。圣人作为理想人格，是人们努力以求的修养方向，圣人是绝对超然的，其心灵对于世俗的离合悲欢应不再有任何波动，所以圣人没有因情感而产生的负累感。但情感又应是人的生命寄托，如果缺失了情感，生命不就干瘪、苍白了么？这样的生存状态又有什么意义？

活跃于曹魏正始年间的天才哲学家王弼，曾经从哲理上圆满、巧妙地解决了这两难困境：圣人是超然的，所以才不介意动情。圣人在各种具体的情境下当然也如凡人一样产生相应的悲欢，只不过，圣人可以驾驭、排遣悲欢之情所带来的负累。

王弼的这个解释确实高妙，但对卫玠这样亲身经历了国破家亡的人来说，他们会发问：人真能做到超然而忘情吗？情感真能被排遣吗？

这个命题绝不是故弄玄虚。对情感的态度，无论是纵任还是排遣等，其意义在于，它集中反映出人对于包括苦难在内的现实的态度。

卫玠的痛苦是针对现实的灾难而发的，如果排遣情感，说到底是要人在精神上采取无视、淡化现实灾难的态度，从而获得并保持心灵的宁静、超逸。不过卫玠接受不了，所以他在伤感中一病不起。

但识时务的人则能接受。

南渡过江的名流们，在建康安顿下来。每逢风和日丽的时候，相聚于江边的新亭，饮酒作乐。在一次精英荟萃的聚会上，出自汝南周氏的周𫖮当众感叹："风景没有两样，但山河已然有异。"在座诸人，都相视流涕。在江东纠合力量建立东晋政权的琅邪王导，针对周𫖮的悲哀论调以及众人的伤感情绪，以激昂的情绪，发出了扶助王室、克复神州的号召。

作为新政权的中坚，王导必须以北定中原、恢复故国为旗帜来凝聚人心，但他其实知道：经历大乱、苟延残喘的晋室，能够复活于江东，已经实属不易。他的使命，是使北人扎根南土，使南人接纳北人，通力合作，维持现状；至于恢复中原，只是一句不得不呐喊的漂亮口号。

王导及其后继者，用"戮力王室，克复神州"这个口号来为偏安江东的北人保留某种虚幻的希望。到后来，当南渡的"北人"逐渐成了"南人"，这个口号及背后寄托的希望也就消失了，他们以旷达的心态演绎了东晋的可怜风流。而占据北方的一批批新的"北人"，开始以强悍的姿态，义无反顾地自觉继承源自北方的中国道统、治统，建立起对华夏的认同感而以正统自居时，他们以北临南，便要重整破碎的山河，使之新生。

【附录一】

大 事 年 表

265（泰始元年） 司马炎登基，建立西晋王朝。

266（泰始二年） 立弘农杨文宗之女杨艳为皇后。

267（泰始三年） 立司马衷为太子。

269（泰始五年） 秦州刺史胡烈讨鲜卑秃发树机能于万斛堆，兵
败被杀。

274（泰始十年） 皇后杨氏卒。

276（咸宁二年） 立杨艳堂妹杨芷为皇后。封皇后父杨骏为车骑
将军、临晋侯。

277（咸宁三年） 卫将军杨珧等建议诸侯归藩。武帝以诸王为都
督者，各徙其封国之邻近区域。又封皇子司马
玮为始平王，司马允为濮阳王，司马该为新都
王，司马遐为清河王。

280（太康元年） 吴平，以吴主孙皓为归命侯。

281（太康二年） 皇后父杨骏及弟杨珧、杨济始用事，权倾一
时，时人谓之"三杨"。

282（太康三年） 贾充卒，诏以外孙韩谧继嗣。

283（太康四年） 齐王司马攸因归藩风波愤恚而卒。

289（太康十年） 徙南阳王司马柬为秦王，都督关中诸军事；以始平王司马玮为楚王，都督荆州诸军事；以濮阳王司马允为淮南王，都督扬、江二州诸军事；立皇子司马乂为长沙王，司马颖为成都王，司马晏为吴王，司马炽为豫章王，司马演为代王，皇孙司马遹为广陵王。

290（永熙元年） 三月，武帝司马炎卒。太子司马衷继位，立妃贾南风为皇后，广陵王司马遹为太子。

291（元康元年） 三月，皇后贾南风先楚王司马玮谋，杀杨骏。六月，楚王司马玮起兵杀太宰、汝南王司马亮及太保卫瓘。贾后杀楚王玮。

292（元康二年） 二月，故杨太后饿死于金墉城。

300（永康元年） 三月，贾后毒杀废废太子司马遹。四月，赵王司马伦废贾后，杀贾谧、张华、裴頠。五月，淮南王司马允攻赵王，被杀。孙秀杀黄门郎潘岳、卫尉石崇及石崇外甥欧阳建。十一月，立皇后泰山羊玄之之女羊献容。

301（永宁元年） 赵王司马伦篡位。齐王司马冏、成都王司马颖起兵攻司马伦。四月，孙秀、司马伦等相继被杀，惠帝复位。

302（太安元年） 长沙王司马乂杀齐王司马冏。

303（太安二年） 河间王司马颙遣张方、成都王司马颖遣陆机攻
长沙王司马乂。陆机兵败，被司马颖所杀。

303（永兴元年） 东海王司马越抓捕长沙王，幽禁于金墉城，不
久被张方杀害。

306（光熙二年） 成都王司马颖在邺城被刘舆所杀。十一月，惠
帝中毒而卒，皇太弟司马炽继位。十二月，河
间王司马颙被南阳王司马模部将梁臣扼杀。

311（永嘉五年） 三月，东海王司马越病逝于项。四月，石勒于
苦县宁平城大败晋军，杀王衍等王公大臣。六
月，洛阳沦陷，怀帝被俘，太子司马诠被杀。

313（永嘉七年） 晋怀帝被刘聪毒杀。

318（建兴五年） 晋愍帝被刘聪杀害。

【附录二】

魏晋士族世系简图

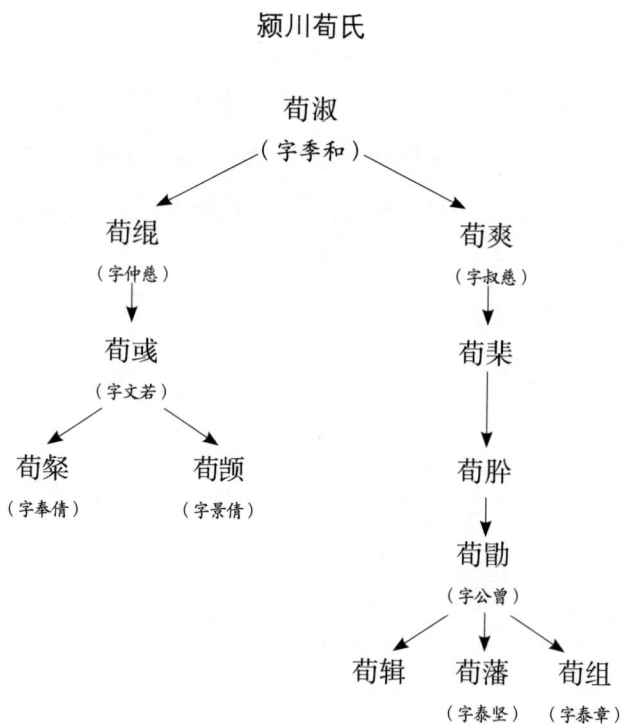

颍川荀氏

荀淑
（字季和）

荀绲
（字仲慈）

荀爽
（字叔慈）

荀彧
（字文若）

荀棐

荀粲
（字奉倩）

荀顗
（字景倩）

荀肸

荀勖
（字公曾）

荀辑

荀藩
（字泰坚）

荀组
（字泰章）

颍川钟氏

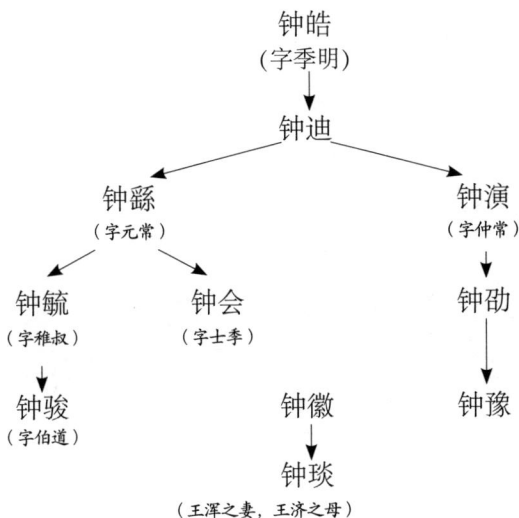

钟皓
(字季明)

钟迪

钟繇　　　　钟演
(字元常)　　(字仲常)

钟毓　　钟会　　　　钟劭
(字稚叔)　(字士季)

钟骏　　钟徽　　　钟豫
(字伯道)

钟琰

(王浑之妻，王济之母)

颍川陈氏

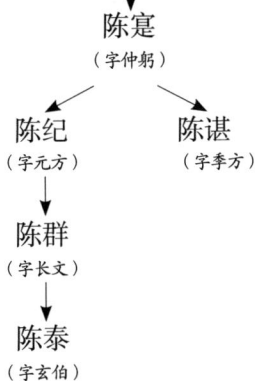

陈寔
(字仲躬)

陈纪　　　　陈谌
(字元方)　　(字季方)

陈群
(字长文)

陈泰
(字玄伯)

颍川庾氏

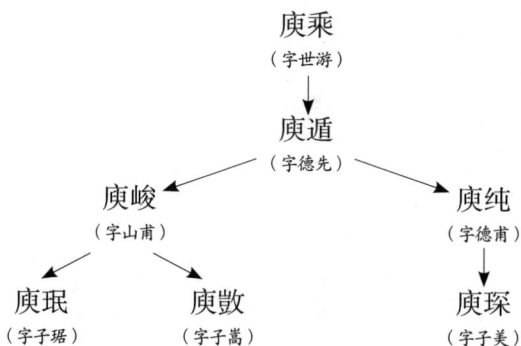

河东裴氏

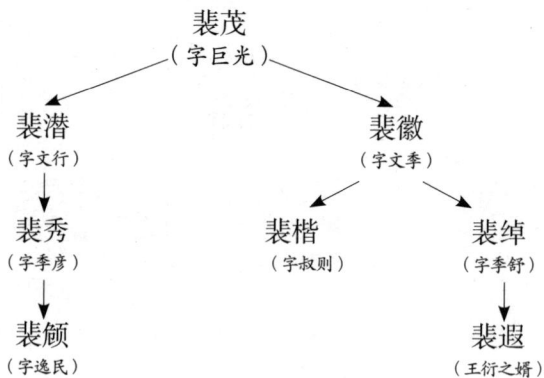

琅邪王氏

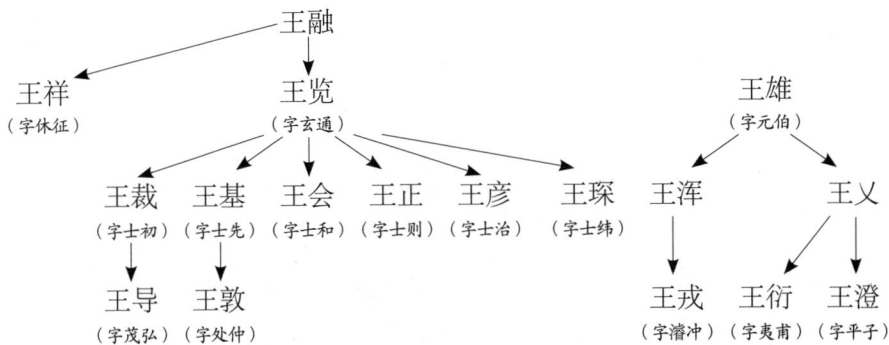

王融

王祥（字休征）　王览（字玄通）　王雄（字元伯）

王裁（字士初）　王基（字士先）　王会（字士和）　王正（字士则）　王彦（字士治）　王琛（字士纬）　王浑　王乂

王导（字茂弘）　王敦（字处仲）　王戎（字濬冲）　王衍（字夷甫）　王澄（字平子）

太原王氏

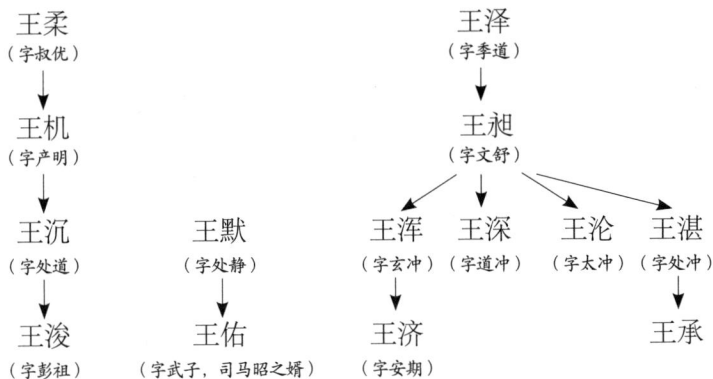

王柔（字叔优）　王泽（字季道）

王机（字产明）　王昶（字文舒）

王沉（字处道）　王默（字处静）　王浑（字玄冲）　王深（字道冲）　王沦（字太冲）　王湛（字处冲）

王浚（字彭祖）　王佑（字武子，司马昭之婿）　王济（字安期）　王承

琅邪诸葛氏

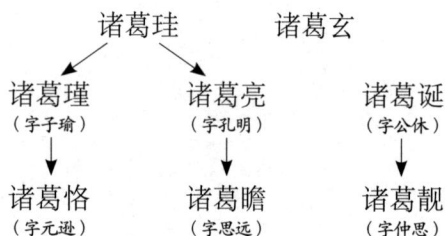

诸葛珪　　　诸葛玄

诸葛瑾（字子瑜）　　诸葛亮（字孔明）　　诸葛诞（字公休）

诸葛恪（字元逊）　　诸葛瞻（字思远）　　诸葛靓（字仲思）

京兆杜氏

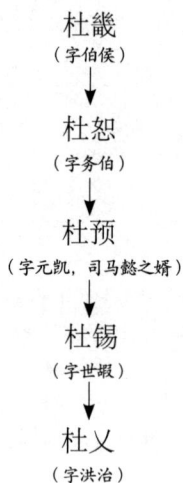

杜畿
（字伯侯）

杜恕
（字务伯）

杜预
（字元凯，司马懿之婿）

杜锡
（字世嘏）

杜乂
（字洪治）

泰山羊氏

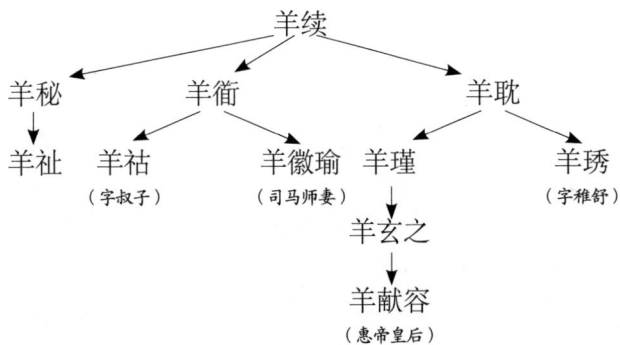

羊续

羊秘 → 羊祉

羊衜 → 羊祜（字叔子） 羊徽瑜（司马师妻）

羊耽 → 羊瑾 羊琇（字稚舒）

羊瑾 → 羊玄之 → 羊献容（惠帝皇后）

汝南周氏

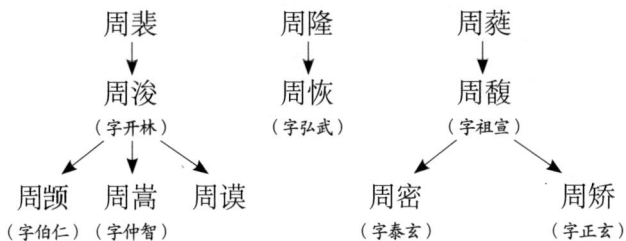

周裴 → 周浚（字开林） → 周颛（字伯仁） 周嵩（字仲智） 周谟

周隆 → 周恢（字弘武）

周蕤 → 周馥（字祖宣） → 周密（字泰玄） 周矫（字正玄）

陈留阮氏

阮瑀
（字元瑜）

阮颙

阮熙 　　 阮籍
（字嗣宗）

阮放
（字思度）

阮裕
（字思旷）

阮咸
（字仲容）

阮浑
（字长成）

阮修
（字宣子）

范阳卢氏

卢植
（字子干）

卢毓
（字子家）

卢钦
（字子若）

卢珽
（字子笏）

卢浮
（字子云）

卢志
（字子道）

卢谌
（字子谅）

卢谧

卢诜

吴郡陆氏

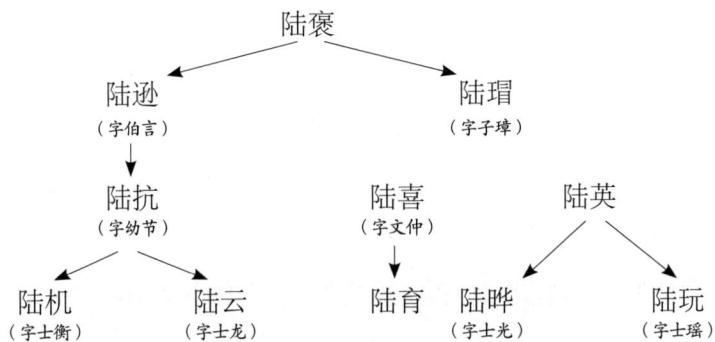

陆褒
├── 陆逊（字伯言）
│   └── 陆抗（字幼节）
│   ├── 陆机（字士衡）
│   └── 陆云（字士龙）
└── 陆瑁（字子璋）

陆喜（字文仲）
└── 陆育

陆英
├── 陆晔（字士光）
└── 陆玩（字士瑶）

吴郡顾氏

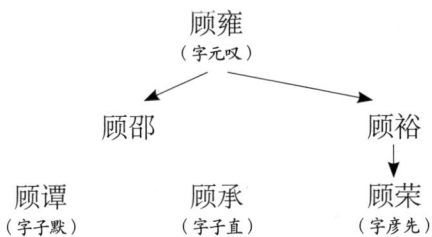

顾雍（字元叹）
├── 顾邵
│   ├── 顾谭（字子默）
│   └── 顾承（字子直）
└── 顾裕
    └── 顾荣（字彦先）

【附录三】

参考材料

曹文柱著：《魏晋南北朝史论合集》，商务印书馆2008年版。

陈琳国著：《中古北方民族史探》，商务印书馆2010年版。

陈苏镇著：《两汉魏晋南北朝史探幽》，北京大学出版社2013年版。

陈寅恪著、万绳楠整理：《魏晋南北朝史讲演录》，贵州人民出版社2007年版。

陈仲安、王素著：《汉唐职官制度研究》，中西书局2018年版。

仇鹿鸣著：《魏晋之际的政治权力与家族网络》，上海古籍出版社2005年版。

高敏著：《魏晋南北朝史发微》，中华书局2005年版。

顾农著：《从孔融到陶渊明：汉末三国两晋文学史论衡》，凤凰出版社2013年版。

胡宝国著：《将无同：中古史研究论文集》，中华书局2020年版。

劳榦著：《魏晋南北朝简史》，中华书局2018年版。

刘驰著：《魏晋南北朝社会与经济探究》，社会科学文献出版社2021年版。

陆侃如著：《中古文学系年》，人民文学出版社1985年版。

吕思勉著：《两晋南北朝史》，上海古籍出版社2020年版。

吕思勉著：《中国民族史两种》，上海古籍出版社2020年版。

蒙思明著：《魏晋南北朝的社会》，上海人民出版社2007年版。

孟刚、周逸麟编著：《晋书地理志汇注》，安徽教育出版社2018年版。

唐长孺著，朱雷、唐刚卯选编：《唐长孺文存》，上海古籍出版社2006年版。

田余庆著：《东晋门阀政治》，北京大学出版社2012年版。

王明珂著：《华夏边缘：历史记忆与族群认同》，上海人民出版社2020年版。

王明珂著：《游牧者的选择：面对汉帝国的北亚游牧部族》，上海人民出版社2018年版。

王仲荦著：《魏晋南北朝史》，上海人民出版社2016年版。

徐高阮著：《山涛论》，海豚出版社2014年版。

许倬云著：《我者与他者》，生活·读书·新知三联书店2015年版。

严耕望撰：《中国政治制度史纲》，上海古籍出版社2017年版。

杨衒之撰、周祖谟校：《洛阳伽蓝记校释》，中华书局2010年版。

张金龙著：《魏晋南北朝禁卫武官制度研究》，中国社会科学出版社2020年版。

周东平主编：《〈晋书·刑法志〉译注》，人民出版社2017年版。

周一良著：《魏晋南北朝史论集》，北京大学出版社2000年版。

朱大渭、刘驰、梁满仓、陈勇著：《魏晋南北朝社会生活史》，中国社会科学出版社2018年版。

祝总斌著：《材不材斋史学丛稿》，中华书局2009年版。

〔北魏〕崔鸿撰、〔清〕汤球辑补：《十六国春秋辑补》，中华书局2021年版。

〔晋〕陈寿撰、〔宋〕裴松之注：《三国志》，中华书局2012年版。

〔美〕巴菲尔德著、袁剑译：《危险的边疆：游牧帝国与中国》，江苏人民出版社2011年版。

〔南朝宋〕范晔撰：《后汉书》，中华书局2012年版。

〔南朝宋〕刘义庆著、〔南朝梁〕刘孝标注、余嘉锡笺疏：《世说新语笺疏》，中华书局2011年版。

〔清〕王夫之著、舒士彦点校：《读通鉴论》，中华书局2013年版。

〔日〕川胜义雄著，李济沧、徐谷芃译：《六朝贵族制社会研究》，上海古籍出版社2018年版。

〔日〕福原启郎著，陆帅、刘萃峰、张紫毫译：《魏晋政治社会史研究》，江苏人民出版社2021年版。

〔日〕福原启郎著、陆帅译：《晋武帝司马炎》，江苏人民出版社2020年版。

〔日〕冈村繁著、陆晓光译：《汉魏六朝的思想和文学》，上海古籍出版社2002年版。

〔日〕冈崎文夫著、肖承清译：《魏晋南北朝通史》，中西书局2020年版。

〔日〕宫崎市定著，廖明飞、胡珍子译：《大唐帝国：中国的中世》，浙江大学出版社2021年版。

〔宋〕司马光编撰、胡三省音注：《资治通鉴》，中华书局2011年版。

〔唐〕房玄龄等撰：《晋书》，中华书局2015年版。

【后记】

　　从某种意义上讲，持续十六年的"八王之乱"，贯穿于仅存在五十一年的西晋王朝的始终。

　　晋武帝司马炎在位二十五年的所作所为，为"八王之乱"的爆发，准备了条件。东海王司马越尽管结束了乱局，但持续内乱的恶果已经不可消除，随后发生了更严重的事，洛阳沦陷，永嘉南渡，异族横行……晋室丢掉了整个北方国土。在中国历史上的大一统王朝中，像西晋这样发生在统治阶层内部的大规模的自相残杀、自掘坟墓，是极为少见的。

　　本书所叙述的，就是"八王之乱"这个影响深远的重大历史事件的来龙去脉。历史是过去的事，即"故事"，故事无非是牵连在一起的人的活动，人的活动又不是随心所欲地创造，而是在既有的各种前提下的展开。

　　所以，叙述"八王之乱"这个故事，就是尽可能地揭示：什么样的先决条件构成前提，促进了它的发生，影响到它的发展。这里面，有社会精英们思想、信仰世界的失落，有社会阶层固化所造成的现实的不公，有宗室被刻意扶植起来后野心的膨胀和力量的强大，还有各民族杂糅交错但文化发展程度不一而产生的隔阂、对立等，这些因素综合起来，逐渐形成合力，使王朝的内讧、崩溃和倒塌，具备了可能性。

从可能到现实的转化过程，制造了巨大的活动空间，或者说叫舞台吧。各色人等，同样依据他们既有的生存条件，以及他们的情感欲望、他们的才智德性，登上了舞台，开始了表演。

被卷入这场大动乱中的人，无论是帝王将相等大人物，还是地位相对低得多的小人物，都犹如棋盘上的棋子，他们看似能够自由走动，冥冥之中却被限定了位移。无论他们出身高低，位置轻重，才华大小，品性良恶，眼界远狭，性格强弱，在相互碰撞中，最后都走上了各自的不归路。

本书尤其关注这些历史舞台上的表演者，关注他们在命运转折关口的所思所行。他们每个人都有自己的来历，也都有自己的打算；他们带着各自的来历和打算，从不同的路径汇入这场大动乱中，共同制造也共同品尝到了动乱的苦果。

历史，虽然是发生在过去的人的过去的事，但历史的教训值得汲取。

最后，要衷心感谢夏德元教授，没有他的提示和鼓励，我是不可能想到要写这个有意思的题目的。

肖　能

2021 年 9 月 21 日，正值辛丑中秋

图书在版编目（CIP）数据

又见干戈暗洛阳："八王之乱"的历史教训 / 肖　能 著.
－上海：东方出版中心, 2021.11
　　ISBN 978-7-5473-1927-7

　　Ⅰ. ①又… Ⅱ. ①肖… Ⅲ. ①八王之乱－研究 Ⅳ.
①K237.107

中国版本图书馆CIP数据核字（2021）第232675号

又见干戈暗洛阳："八王之乱"的历史教训

著　　者　肖　能
出版统筹　郑纳新
策　　划　夏德元
责任编辑　马晓俊
封面设计　今亮后声　赵晓冉

出版发行　东方出版中心
地　　址　上海市仙霞路345号
邮政编码　200336
电　　话　021-62417400
印 刷 者　上海颛辉印刷厂有限公司

开　　本　890mm×1240mm　1/32
印　　张　10
字　　数　178千字
版　　次　2022年1月第1版
印　　次　2022年1月第1次印刷
定　　价　58.00元